RÉALISER L'ÉTUDE DE MARCHÉ DE SON PROJET D'ENTREPRISE

ENTRE PRENEURS

Conseiller éditorial

Catherine LÉGER-JARNIOU

Maître de conférences à l'université Paris-Dauphine,
Responsable du Master Entrepreneuriat
à l'université Paris-Dauphine,
ex-Présidente de l'Académie de l'Entrepreneuriat

Titres parus dans la collection

Marjorie BÉTHENCOURT, *Entreprendre en franchise*, 2001

Véronique CHAMBAUD, *Guide fiscal et social des associations*, 2006

Véronique CHAMBAUD, *Réussir son activité en SARL*, 2e édition, 2005

Véronique CHAMBAUD, *Guide fiscal et social du créateur d'entreprise*, 4e édition, 2005

Véronique CHAMBAUD, *Créer son activité en solo – Guide du travailleur indépendant*, 4e édition, 2007

Véronique CHAMBAUD, *Guide juridique et fiscal de l'artiste et de l'entreprise artistique*, 3e édition, 2007

Pascal CHAUVIN, *Communiquer avec un petit budget*, 2e édition, 2005

Jean-Marie COURRENT, Sylvie SAMMUT, *Élaborer son dossier financier de création*, 3e édition, 2006

Bérangère DESCHAMPS, Robert PATUREL, *Reprendre une entreprise ... saine ou en difficulté*, 2e édition, 2005

Christophe ESTAY, M'hamed MERDJI, *Créer et développer une entreprise artisanale*, 2001

Valérie FROGER, *La création d'entreprise de A à Z*, 2007

GREFFE, *Se mettre à son compte*, 6e édition, 2006

Catherine LEGER - JARNIOU, *Construire son business plan*, 2006

Catherine LÉGER-JARNIOU, *Réaliser l'étude de marché de son projet d'entreprise*, 3e édition, 2007

Carole LOGIEZ, Élisabeth VINAY, *Entreprendre dans les services*, 2e édition, 2006

Pascal MADRY, *Créer son commerce*, 2006

Richard MEKOUAR, *Risques et assurances de la PME*, 2006

Nathalie OLIVIER- BICHARD, *La boîte à outils RH de l'entrepreneur*, 2006

Catherine POMPEI, *Consultants, comment trouver vos premières missions*, 2005

François-Xavier SIMON, *L'entrepreneur et son banquier*, 2004

Claude VALLON, Véronique CHAMBAUD, *Associations mode d'emploi – Créer, gérer, animer*, 6e édition, 2006

Catherine Léger-Jarniou

RÉALISER L'ÉTUDE DE MARCHÉ DE SON PROJET D'ENTREPRISE

3e édition

DUNOD

Consultez nos catalogues sur le Web

www.dunod.com

Pour contacter l'auteur :
clj75@wanadoo.fr

ISBN 978-2-10-050740-5

Table des matières

3 Exploiter son étude de marché : lancer et développer son entreprise

Introduction

La création d'entreprise est un processus complexe qui articule un projet de création et un porteur de projet dans un environnement donné et face à la concurrence. Il s'agit de valider le projet de création, qui comprend plusieurs aspects : financiers, juridiques, organisationnels et commerciaux pour les principaux. Pour valider l'aspect commercial du projet et avant de se lancer dans l'aventure de la création d'entreprise, tout porteur de projet doit réaliser une étude de marché qui a pour objectif majeur de *permettre d'estimer les chances de succès du projet.*

En fait, une étude de marché est nécessaire pour qualifier une idée de création, mais a contrario, il ne s'agit pas non plus d'un brevet de certitude. Elle reste une aide à la décision de lancement d'une entreprise, c'est-à-dire qu'elle permet de récolter et de valoriser de l'information pour chiffrer l'idée au sein d'un document qui explicite les conditions du développement de la future entreprise : le business plan. Le business plan ou plan d'affaires est un document complet d'une cinquantaine de pages qui présente l'idée, l'équipe, les conditions concrètes de réalisation et les conséquences financières du projet. En fait, cet ouvrage aurait pu également s'intituler « De l'étude de marché aux choix stratégiques de lancement » pour mettre en valeur le fait que l'étude de marché est un outil d'aide à la décision de lancement. Elle constitue *la liaison entre l'idée et le marché.*

L'étude de marché doit aider le porteur de projet à répondre aux questions habituelles qu'il se pose :

- Mon projet dispose-t-il d'atouts suffisants pour attirer des clients ?

- Se différencie-t-il nettement des offres déjà présentées par les concurrents ?
- Sera-t-il économiquement viable ?

Cet ouvrage tente d'y répondre et à cet effet comporte trois parties : préparer, réaliser et exploiter l'étude de marché.

Préparer analyse les principes méthodologiques relatifs à l'étude de marché qui vont orienter sa réalisation (chapitre 2), après avoir rappelé la relation entre étude de marché et business plan (chapitre 1). L'idée de création devra être précisée, à partir de l'hypothèse de départ afin d'organiser un système de recherche d'information optimal (chapitre 3).

Réaliser décrit les différentes phases de l'étude de marché à partir d'une idée de départ. Cela correspond à la recherche d'informations pertinentes sur les offres existantes (chapitre 4) et sur la demande potentielle pour le nouveau projet. On cherchera d'abord à comprendre cette demande (chapitre 5) avant de la quantifier (chapitre 6).

Exploiter correspond aux actions de mise en œuvre d'un plan de lancement, à la détermination d'un positionnement précis de la nouvelle offre (chapitre 7), sans oublier les développements futurs (chapitre 8).

Cette troisième édition est entièrement actualisée et enrichie d'une part par les commentaires des utilisateurs (lecteurs, étudiants, créateurs) et par l'expérience de l'auteur d'autre part. En effet, la pratique des études de marché pour les projets de création a permis d'affiner l'approche pour la rendre encore plus opérationnelle.

Cette nouvelle édition apporte notamment des éclairages plus précis et des compléments sur les points suivants :

– le type d'étude à envisager en fonction du périmètre du projet,

– l'étude documentaire marché et concurrence,

– la détermination des couples produit-marché pour démarrer l'activité,

– les modes de calcul du chiffre d'affaires prévisionnel.

Ces apports rendront la lecture et l'utilisation de cet ouvrage encore plus pertinents pour les créateurs et les acteurs de la création d'entreprise.

1 Préparer son étude de marché

Selon L'Agence Pour la Création d'Entreprises (APCE), 70 % des cas de défaillance ont pour origine la mauvaise qualité des études de marché, que celles-ci soient mal réalisées ou de manière hasardeuse ou même qu'elles soient quasiment inexistantes.

Ce chiffre alarmant illustre le fait qu'un créateur est bien souvent trop certain du bien-fondé de son idée, de son produit ou de son service. Or cette certitude le conduit à rechercher directement des clients. Mais cette façon de procéder, qui relève plus de la vente que du marketing, se révèle le plus souvent désastreuse au moment de la création de l'entreprise.

> « En règle générale, on ne doit pas susciter un besoin, mais on doit y répondre de façon intelligente. Une idée qui marche est l'idée qui répond à une attente spécifique à un moment donné. » Source : Euroconsult.

L'exemple suivant s'est révélé être un succès et permet d'illustrer ces propos : il s'agit de la télécommande qui permet d'ouvrir et de fermer automatiquement les portes des voitures. Son inventeur en a eu l'idée en sortant d'un hypermarché les bras chargés de ses achats. Il a alors réalisé une étude de marché pour s'assurer qu'un certain nombre de personnes connaissaient le même souci et que ce système répondait à un réel besoin pour toute personne regagnant sa voiture les bras chargés. La réponse à cette étude nous permet d'utiliser à présent ce système d'ouverture des portes télécommandé.

> « Il ne suffit pas d'avoir une bonne idée pour faire un bon projet : il faut trouver des clients prêts à acheter », dit l'adage bien connu.

Il est indispensable de réaliser une étude de marché sérieuse et pour cela, il convient de réfléchir à sa réalisation en termes d'objectifs, de principes et de démarche (chapitres 1 et 2) mais également à la construction d'un système d'information adapté au problème traité, à partir de la définition d'une idée (hypothèse) de départ (chapitre 3).

En un mot, il convient de préparer et de faciliter la réalisation future de l'étude de marché.

Chapitre 1
Étude de marché et Business Plan

Comprendre et identifier la place de l'étude de marché dans la construction totale d'un projet de création permet d'en visualiser les objectifs et les liaisons avec les aspects techniques, juridiques et bien évidemment financiers.

Ce chapitre introductif permettra de caler les idées en rappelant ce qu'est une étude de marché pour un créateur et resitue la place de cette dernière dans le processus global de création.

Qu'est-ce qu'une étude de marché ?

L'étude de marché a pour objectifs de « respirer les conditions d'environnement », de comprendre le fonctionnement du marché visé, d'écouter les futurs clients et de fournir des informations essentielles sur leurs besoins et motivations dans le but d'orienter les actions stratégiques de positionnement et de lancement et contribuer, in fine, à la validité du projet pour augmenter ses chances de succès.

> « Les études de marché ont pour objectif d'analyser les marchés de produits et services de toute nature. Elles consistent en particulier à étudier de façon systématique le comportement, les attitudes et les opinions des personnes physiques et morales. » (CCI/Esomar, 1977)

Il s'agit d'une **démarche systématique** et **scientifique** de collecte, traitement et interprétation des informations qui a pour objectif principal de réduire les incertitudes et de minimiser les risques. Elle permet de vérifier qu'il existe un marché et une demande potentielle pour le marché visé et d'estimer cette demande à partir du plus grand nombre possible de sources.

Pour concevoir et orienter les stratégies de commercialisation des produits et services, le créateur a besoin d'alimenter son action marketing par un flux d'informations sur le marché et les clients potentiels. Ce flux d'informations doit être adapté et actualisé (voir chapitre 3) d'autant plus rapidement que l'environnement est concurrentiel et turbulent. Pour alimenter ce flux, l'étude de marché englobera :

- l'étude des données socio-économiques de l'environnement (tendances passées et futures),
- l'étude de la concurrence (identification et caractérisation de leurs forces et faiblesses),
- l'étude des besoins des consommateurs ou utilisateurs potentiels du produit ou service,
- l'étude des caractéristiques du produit ou du service et la fixation de son prix,
- l'étude des modes de distribution et la nécessité éventuelle de passer par une force de vente,
- l'étude des modes de communication disponibles et ceux utilisés par la concurrence.

☞

> Quels que soient le niveau de connaissance du secteur et la quantité d'information possédée par le créateur, il ne convient pas de rechercher le plus grand nombre d'informations, dites « informations brutes »[1] mais le maximum d'« informations utiles » pour réduire le risque lors des décisions ultérieures dans la mesure où toute décision est un pari sur l'avenir. Une information utile est une information qui sert à la compréhension de l'objet d'étude et à la prise de décisions, donc directement utilisable.

L'étude de marché est la phase clé dans le processus de création d'entreprise : c'est le point de départ de l'action marketing. Toute la

1. Voir la définition de ce terme dans le lexique.

construction du business plan et ses implications financières reposeront sur les conclusions de cette étude, comme le montre la figure 1.1.

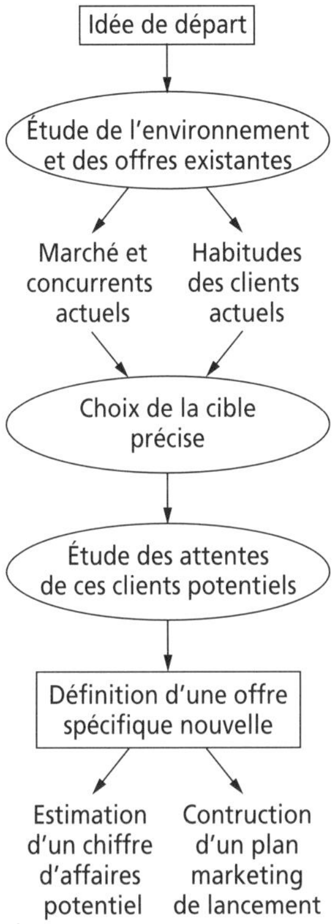

Figure 1.1 – Place de l'étude de marché dans le processus de création d'entreprise

À quels objectifs doit-elle répondre?

Le créateur potentiel se pose naturellement à ce stade de nombreuses questions dont trois sont prédominantes :

- Mon idée répond-elle à un besoin, chez un nombre suffisant de clients solvables?
- Mon idée peut-elle s'insérer sur le marché et se différencier des offres déjà présentes sur ce marché?

- Ai-je à ce jour les atouts nécessaires pour attirer ces futurs clients ou sera-t-il aisé de les acquérir?

Pour répondre à ces interrogations, l'étude de marché va se concentrer sur trois grands types d'objectifs : la connaissance du marché, les choix stratégiques de conquête du marché et la définition d'une offre spécifique nouvelle.

Le premier objectif, **la connaissance du marché**, consiste à vérifier si le marché existe réellement et à estimer son évolution, comprendre son fonctionnement (habitudes des clients), étudier la concurrence élargie (directe et indirecte) mais aussi à identifier tous les obstacles et problèmes à résoudre sur ce marché.

Le deuxième objectif, **les choix stratégiques de conquête du marché**, consiste à analyser et segmenter[1] le marché, identifier les sources de valeur pour la clientèle et le moyen de les valoriser, valider le potentiel de la cible[2] (cœur de cible) et des cibles élargies, initier la prospection des clients potentiels et recueillir leurs avis, affiner le positionnement[2] du produit ou service offert par rapport à celui des concurrents et déduire ses parts de marché[2] prévisionnelles en montant et en délai.

Enfin, l'objectif numéro trois, **la définition d'une offre spécifique nouvelle**, consiste à déterminer les hypothèses de chiffre d'affaires prévisionnel, la validité du projet et ses chances de survie, construire un mix[2] cohérent quant aux choix et à l'articulation des moyens opérationnels et envisager le développement de l'entreprise à 3 ans.

☞

Élargissez toujours une étude de marché à la concurrence indirecte. Ce conseil a pour but d'éviter l'échec suivant : la création d'un club de gym dans l'arrière-pays d'une grande ville de province. Seul dans un rayon de 50 km, cet établissement était certain, selon son créateur, d'attirer la population locale. Or, c'était sans compter la concurrence indirecte des associations sportives municipales, subventionnées, qui proposaient des prestations similaires gratuites ou presque. Le combat a duré trois ans avant que le créateur finisse par fermer son établissement.

---

1. Ces termes sont définis dans le lexique et feront l'objet des chapitres suivants.
2. Voir la définition de ce terme dans le lexique.

L'étude de marché est une **aide à la décision** : elle doit permettre de répondre à ces questions fondamentales et plus précisément d'apporter des réponses en termes de connaissance du marché. Cette connaissance va tout d'abord permettre au porteur de projet de vérifier ses premières impressions sur le marché à pénétrer. À partir de la vérification de l'existence d'un marché potentiel suffisant et solvable, l'étude de marché permettra de définir les choix stratégiques de conquête de marché et le marketing-mix, c'est-à-dire l'ensemble des moyens commerciaux dont dispose l'entreprise pour toucher les clients.

« Le marketing-mix est l'ensemble des variables dont l'entreprise dispose pour influencer le comportement futur de l'acheteur », P. Kotler et B. Dubois, *Marketing Management*, Publi-Union, 1989, p. 80.

Ces variables comprennent la définition précise des produits et services à commercialiser (caractéristiques, avantages, gamme...), ainsi que le niveau de prix et les conditions de paiement pour atteindre le chiffre d'affaires et la rentabilité estimés. Le choix des modalités de distribution et de localisation, la préparation des moyens de négociation, techniques de vente et argumentaire, l'organisation de la force de vente éventuelle et la détermination des moyens de communication, relations publiques et publicité compléteront les réponses en termes de moyens opérationnels. Ces trois niveaux en interaction sont illustrés par la figure 1.2.

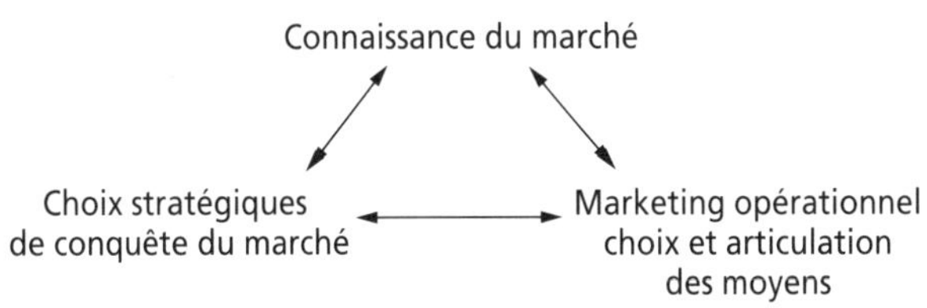

Figure 1.2 – Liaison étude, conquête de marché et actions marketing

Pour qu'elle soit réalisée dans de bonnes conditions et donc efficace, une étude de marché doit répondre aux principes suivants : une logique de découverte progressive en « spirale », un recours à des phases de retour sur hypothèses, un rythme adapté et une attitude objective et neutre.

Quelle place pour l'étude de marché dans le business plan ?

La création est une construction, une sorte de puzzle où chaque pièce trouve sa place à côté d'une ou plusieurs autres.

> La création est comme un départ en voyage. Partir seul ou avec des amis ? Il faut trouver la destination et choisir parmi plusieurs propositions celle qui répond le mieux à vos attentes (hébergement, activités : découverte ou repos, dates, etc., et budget). Il faut se préparer au niveau formalités (visa, vaccins, achat des billets, change, etc.) et se documenter avant le départ. Peut-être sera-t-il nécessaire de revisiter sa garde-robe et de faire un peu de sport avant de partir afin d'être fin prêt le jour J ?

Certaines actions peuvent être menées de front alors que d'autres doivent attendre la conclusion de la phase précédente : la création d'entreprise implique le respect d'une démarche chronologique. La préparation et le rythme (le timing) de cette préparation sont importants voire déterminants. D'ailleurs, une cause fréquente d'échec des jeunes entreprises réside dans la mauvaise préparation (insuffisante ou désordonnée) du projet.

Plus qu'à une idée originale, le succès tient à la construction du **parcours qui mène de l'idée… au projet** et à la rédaction d'un business plan ou BP (appelé aussi plan d'affaires).

L'essentiel est dans la cohérence. L'important est la **cohérence** des éléments présentés dans le BP et ce, quel que soit le type d'activité retenu. Une construction cohérente doit prendre en compte les « allers-retours » nécessaires entre le niveau macro-économique et le niveau micro-économique et entre tous les aspects nécessaires pour créer une affaire. La construction se terminera par un « bouclage financier » afin de vérifier la cohérence des propos avec la viabilité économique de la création.

La construction progressive sera gage de cohérence dans la présentation du business plan.

Les principaux points à élucider avant de se lancer

- Bien se connaître et s'entourer d'une « *dream team* »
- **PRÉCISER SON IDÉE DE DÉPART**
- **DÉFINIR SON ACTIVITÉ ET SON MARCHÉ**
- Protéger ses innovations
- Conclure des accords avec des partenaires
- Choisir son statut juridique
- Organiser son lancement et les moyens nécessaires
- Établir des prévisions financières
- Trouver du financement
- Rédiger un business plan (BP)

Les points « préciser son idée de départ » et « définir son activité sur son marché » sont les résultantes de l'étude de marché qui se trouve, comme on le voit, en amont de la construction globale du projet. Cela implique que les conclusions de l'étude de marché sont déterminantes pour l'ensemble du BP et, de ce fait, sa réalisation exige une certaine rigueur.

☞

Ceux qui évaluent les BP pour décider s'ils participent au financement de l'affaire jugent principalement quatre éléments, dont deux sont liés au marché et à son étude. Ils évaluent :
- le chef d'entreprise et son équipe,
- leur connaissance du secteur,
- les avantages compétitifs du projet sur ce marché (le Business Model),
- la compatibilité du montage financier avec les aspirations des dirigeants et les possibilités du marché.

Quelques conseils pour réussir

- Écouter les conseils
- Rassembler une « *dream team* »
- Apporter en permanence un avantage compétitif à ses clients à partir de la connaissance précise du marché et de son métier

- Protéger ses idées et ses innovations
- Ne pas affronter les gros ou anciens concurrents de front
- Dès le démarrage, penser aux années futures (calibrer les besoins en financement, locaux, outils de production, salariés, etc.)
- Organiser et contrôler le lancement

... Et les erreurs à éviter

- Sous-estimer la concurrence
- Mal calibrer le marché
- Avoir un mauvais timing (investissement, lancement) et agir dans la précipitation
- Surestimer la rentabilité prévisionnelle (délais d'obtention des commandes, délais de paiement)
- Rester seul (sans partenaires), ne pas demander conseil
- Cadrer insuffisamment les accords avec les associés
- Ne pas s'entourer de personnel de qualité et de confiance
- Sous-estimer les obstacles juridiques, administratifs
- Manquer de fonds propres pour assurer la croissance

Le business plan, c'est quoi ?

- C'est un **document écrit, synthétique et prospectif qui présente votre projet**[1].

☞

Un document de 20 à 30 pages suffit pour ne pas ennuyer le lecteur !!

- C'est un **document simple et clair.**
  – Il doit permettre à n'importe quel lecteur de cerner l'idée et la viabilité du projet.

1. Ces éléments sont plus largement développés dans *Construire son Business Plan*, C. Léger-Jarnion et G. Kalousis, Dunod, coll. Entrepreneurs, 2006.

– Le style précis, clair et agréable à lire est de rigueur.
– Il équilibre aspect technique, aspect stratégique et aspect financier.

☞

Les lecteurs ne doivent pas lire « le comment ça marche », c'est-à-dire les caractéristiques techniques, logistiques de votre projet, qui sont votre propriété et peuvent ou doivent être protégées selon les cas. En revanche, ce qui intéresse les différents lecteurs est le « à quoi ça sert » : le client final cherchera un avantage par rapport aux solutions existantes, le fournisseur un débouché nouveau pour sa propre production, le financier un moyen d'augmenter la rentabilité globale de son portefeuille d'affaires, etc.

– Il doit faire gagner du temps au lecteur « professionnel », ce qui explique l'aspect relativement standardisé de la présentation (voir modèles de BP pages 14 et suivantes). Aussi doit-il permettre de mettre en évidence la réponse à la question obsédante qui doit être la vôtre tout au long de cette construction, à savoir « *quel avantage compétitif la nouvelle entreprise est-elle en mesure d'apporter à la cible de clients choisie ?* ». Un avantage compétitif est un « plus clients » qu'ils seront heureux de trouver dans votre offre et pour lequel, en contrepartie, ils accepteront le prix proposé.

Exemples

Easy, courtier de location de voitures, offre des tarifs compétitifs à ses clients pour une offre simplifiée de produits et ce, la plupart du temps, dans les aéroports. Le contrôle qualité est exigeant et le kilométrage illimité garanti et gratuit. Une certaine cible de particuliers (jeunes, particuliers en week-end, etc.) constitue des clients captifs pour une telle offre.

L'avantage offert est « un plus en terme de prix » pour une offre très correcte.

Différemment, le loueur **Avis** est réputé pour son « amabilité inégalée envers ses clients ». Son « plus » clients réside dans ce contact-service pour lequel les clients sont prêts à payer un prix plus élevé que ceux proposés par la concurrence. Une autre cible sera intéressée ici : les hommes d'affaires et les particuliers désirant un service « personnalisé ».

En résumé, le principal est de déterminer sur quel avantage compétitif la nouvelle entreprise va asseoir son image auprès de ses clients et se battre face à ses concurrents.

- Enfin, il convient de jouer « cartes sur table » en faisant part de l'état d'avancement réel du dossier et d'évoquer les difficultés rencontrées en suggérant des pistes de solutions. Le BP doit retracer fidèlement la situation du projet. Il ne doit être ni pessimiste ni optimiste, surtout dans l'élaboration des documents financiers. D'ailleurs ces derniers seront fréquemment présentés sous 3 hypothèses : haute, moyenne et basse afin de prendre en compte les aléas du démarrage.

- Le BP doit être **cohérent** : entre les moyens et les objectifs, entre la croissance du marché et les parts de marché visées, entre les parts de marché visées et la place des concurrents, etc.

☞

> Les investisseurs préféreront les projets qui arrivent déjà à « fonctionner » avec les « moyens du bord », plutôt que ceux qui sont artificiellement déjà entretenus par des capitaux extérieurs ou des subventions.

☞

> Remplacer l'euphorie par des faits et des informations objectives. Toute information doit être justifiée et vérifiable.

À quels objectifs répond-il ?

L'objectif est de **séduire puis convaincre** le lecteur de la viabilité du projet et du sérieux du porteur de projet.

Pour cela, le dossier doit comporter des informations qualitatives avant toutes choses, les données prévisionnelles chiffrées ne serviront qu'à traduire et confirmer les propos et montrer la viabilité du projet. Celles-ci viendront en conclusion du dossier.

Convaincre signifie détailler ce qu'on nomme désormais le « business model », et que l'on peut traduire par : *comment générer des revenus et de la rentabilité à partir de cette idée et avec les moyens définis* ou encore *quelle est l'adéquation du projet avec son marché potentiel ?*

Le business model revient à répondre à ces questions :

- Que vend-on ? Quel est l'avantage client par rapport aux concurrents ?
- À quels clients ? entreprises (B to B), particuliers (B to C) ?
- Quel sera le mode de fonctionnement de l'entreprise ?
- Quel sera le mode de commercialisation de l'entreprise ?
- À quel prix et pourquoi ?

Exemple

Un business model de site Internet B to C gratuit qui vivrait de revenus de bandeaux publicitaires n'attire plus les investisseurs (sauf rares exceptions), car ce type de site ne peut générer à terme et de manière récurrente des revenus et de la rentabilité. Si vous observez l'évolution des sites, la plupart des sites grand public qui ont commencé en offrant des services gratuits soit ont disparu, soit font payer aujourd'hui leurs services.

À qui s'adresse-t-il ?

Le BP est un document multiple en ce sens qu'il a, à partir de la même base d'information, plusieurs destinataires possibles en interne et à l'extérieur de la future entreprise. C'est donc à la fois un **document de travail** et un **outil de communication**.

C'est tout d'abord un document de travail pour le/les porteurs du projet, donc un outil de gestion interne. Il lui/leur permet de se poser un ensemble de questions sur tous les aspects de la vie de l'entreprise, et ce tout au long de la démarche de création et notamment celle-ci : *comment faire de l'argent avec ce projet ?* (le business model)

Il évoluera du premier au dernier jour, et il n'est pas rare d'en écrire une dizaine (une version par mois environ), avec des modifications qui vont de très importantes à marginales.

☞

Enregistrez vos documents avec des numéros et des dates de versions successives, par l'option Enregistrer sous.

Ensuite, c'est un document qui va servir à convaincre les différents partenaires : clients, fournisseurs, investisseurs, partenaires industriels, collectivités locales, etc.

☞

Pour chaque interlocuteur, rédiger (et aménager) une version spécifique en mettant en évidence les éléments qui intéresseront au premier plan cet interlocuteur. Par exemple, les financiers regardent la rentabilité, les fournisseurs l'aspect technique, et les clients le prix.

En fin de parcours, vous aurez un grand nombre de BP, datés et modifiés et écrits en direction de différents publics. L'inverse serait très inquiétant !

Exemples de présentation de BP

L'objectif est ici de proposer quelques exemples de présentation, afin que le créateur choisisse celle qui correspond le mieux à ses aspirations et à son projet. Il n'existe pas une présentation idéale unique, mais les éléments qu'elles comprennent sont identiques, ce qui est normal.

N'oubliez pas : pour convaincre, il faut
- attirer l'attention,
- susciter l'intérêt,
- faire naître le désir,
- inciter à l'action[1].

Exemple 1

Résumé stratégique (Executive summary)[2]
Présentation de l'offre de produits et de services
Marché – Environnement concurrentiel

1. Tony Adams, *The Secrets of successful Selling*, Paperback, 1997.
2. Note de synthèse ou Résumé stratégique.

Objectifs fixés
Stratégies de l'entreprise
Équipes de direction – management – ressources humaines
Aspects juridiques
Besoins de financement
Documents financiers
Source : AFIC

Exemple 2

Nom de l'entreprise et de ses dirigeants
Résumé de la proposition
Table des matières
Le concept
Les personnes
Le marketing et la vente
La production
Le financement
La rentabilité
Le cadre juridique

Source : Paul Dell'Aniello, Un Plan d'affaires gagnant, Montréal, Ed Transcontinental, 4e éd., 2000.

Exemple 3

Business Summary

Sommaire

L'entreprise et ses dirigeants

Le projet et son marché

- Caractéristiques et avantages du produit/service
- L'étude de marché
- Évaluation des parts de marché et chiffre d'affaires prévisionnel
- Plan de recherche-développement
- Plan opérationnel (lieu, locaux, ressources humaines, planning, risques, etc.)l

Données financières

Conclusions et perspectives

Annexes

Source : J.F. Faure, « Le financement des projets on-line et des start-up », www.sam-mag.com/archives/financement.htm, 2003.

Exemple 4

Executive summary

Historique du projet

Les créateurs

Le projet

Le marché et la concurrence

La clientèle visée et le positionnement stratégique (business model)

La technologie et moyens de protection

Les moyens à mettre en œuvre :

- Marketing et commercial
- Production
- Logistique
- Partenariats
- Ressources humaines
- Organisation et gestion courante

Les éléments juridiques

La structure du capital

Le chiffrage du projet

Conclusions et perspectives d'avenir

Annexes

- Documents
- CV des créateurs
- Annexes financières

Source : C. Léger-Jarniou et G. Kalousis, Construire son Business Plan, Paris, Dunod, Coll. Entrepreneurs, 2006.

Qui doit réaliser le BP ?

Comme pour l'étude de marché, le BP doit être réalisé en priorité par le créateur ou les créateurs et l'équipe de direction de départ, c'est-à-dire un petit nombre de personnes mais très impliquées dans le projet. À l'inverse, un BP écrit seul ne permet pas la prise de recul nécessaire. Dans ce cas, entourez-vous de conseils puis faites la part des choses vous-mêmes.

Cette pratique correspond au marché français et européen dans une large mesure et diffère de la vision anglo-saxonne qui veut que l'on confie une idée à un cabinet spécialisé qui écrit le BP pour le porteur d'idées qui paiera ce service. L'entreprise spécialisée peut également être chargée de la récolte de fonds pour le créateur.

En France, le créateur peut se faire aider par toutes les structures existantes et elles sont nombreuses et par les incubateurs[1] si le projet est innovant.

☞

Se renseigner dans un premier temps sur le site portail de l'Agence pour la Création d'Entreprise : *www.apce.com*

Une question supplémentaire concerne les logiciels dont peut bénéficier le créateur pour l'aider à construire son BP. L'aide peut se révéler très utile à condition de prendre en compte certaines remarques :

– le logiciel ne doit pas être très coûteux
– il doit être souple d'utilisation et peu complexe
– il est intéressant s'il ne demande pas une phase d'apprentissage trop longue pour obtenir une efficacité plus grande que la méthode traditionnelle du « papier crayon »
– il est souvent plus intéressant d'utiliser ce type d'outil quand le projet est déjà bien avancé car c'est le projet qui doit guider l'utilisation du logiciel et non l'inverse.

1. Voir lexique.

En conclusion

Ces quelques pages vous ont permis de démystifier ce terme business plan, si utilisé aujourd'hui, et de visualiser l'ensemble du processus de construction de votre dossier. La place et les enjeux de l'étude de marché sont également fixés et vont être maintenant approfondis dans le chapitre suivant.

Chapitre 2
Principes et méthodologies selon les projets

Un rappel des principes méthodologiques de la réalisation de l'étude de marché permettra de mettre en évidence quelques points particulièrement importants et d'apporter des réponses aux questions que se pose le créateur à ce stade. En effet, avant de se lancer, le créateur se pose généralement un certain nombre de questions auxquelles l'étude de marché devra lui apporter des réponses. Ces questions sont par exemple :

- Existe-t-il un marché et quelle sera son évolution dans les cinq prochaines années ?
- Quels sont les facteurs clé de succès sur ce marché ?
- Mon produit ou service peut-il satisfaire dès maintenant les besoins des clients ?
- Quels types de clientèle dans un premier temps ?
- Comment satisfaire pleinement cette clientèle potentielle ?

Tous les projets sont différents par leur taille, le secteur, le degré d'innovation, etc., ce qui implique que la méthodologie de mise en œuvre de l'étude de marché sera elle aussi différente. Nous aborderons ce point afin de présenter plusieurs versions d'étude de marché en fonction du degré d'innovation et de l'ampleur du projet.

Une étude de marché doit être construite de façon progressive

On peut comparer cette logique à celle d'un itinéraire de voyage où la découverte doit être progressive pour être maximale. Le processus d'acquisition et de traitement des connaissances aura d'ailleurs une influence sur la représentation que le créateur se fait du marché. Quel que soit le type de business plan construit – chaque banque ou organisation a en la matière ses préférences – le voyage commence avec une **idée** plus ou moins avancée : l'hypothèse de départ qui, si elle est bonne, va se transformer progressivement en **projet** puis en **création** d'entreprise.

Il faut avoir en tête le développement de votre entreprise une fois créée, car cette mise en perspective enrichit votre réflexion. Nous reparlerons du développement de la jeune entreprise après création à la fin de l'ouvrage (chapitre 8).

L'étude de marché est la phase initiale de cette démarche de dévoloppement. On peut la schématiser sous la forme d'une spirale qui s'enrichit au cours de l'étude, comme le montre la figure 2.1.

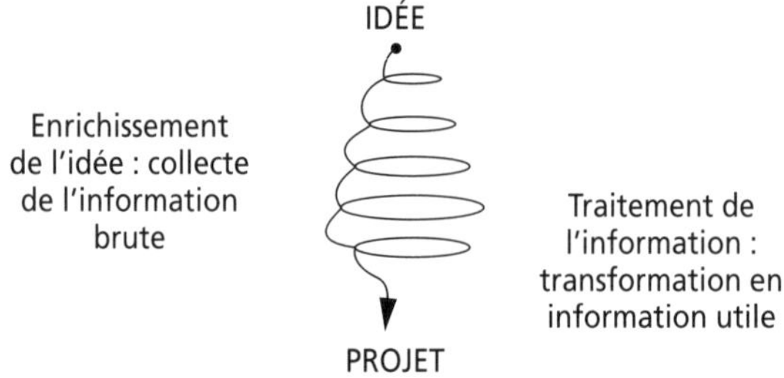

Figure 2.1 – Spirale de construction d'un projet à partir d'une idée

Dans ce parcours-apprentissage, les informations deviennent progressivement significatives, un peu comme si le créateur construisait un « puzzle ». Certaines pièces permettent une avancée importante même si leur découverte est longue.

Cette découverte progressive, résultat de recherches personnelles mais aussi de rencontres variées, va, tout au long du déroulement de l'étude, préciser, confirmer ou infirmer les idées préalables. Ce cheminement de validation dessine un va-et-vient constant entre le marché et ses exigences d'une part et le produit ou service que le créateur désire lancer d'autre part.

Une étude de marché doit comprendre des phases de retour sur hypothèse

Chaque étape de l'étude de marché est reliée à l'étape précédente et ses résultats servent et nourrissent la suivante et ainsi de suite. Il s'agit d'une démarche pas à pas. Après chaque étape d'acquisition de connaissances sur l'environnement, le marché ou les futurs clients, il est nécessaire de traiter cette information en la relativisant par rapport aux connaissances de départ du créateur et par rapport également aux connaissances acquises dans la phase antérieure.

Une synthèse après chaque étape s'impose donc pour piloter la suite de l'étude. Cette synthèse se fait sous forme d'interrogation : ce sont les retours sur hypothèse.

Chaque retour sur hypothèses permet, tout au long de l'étude de marché, de valider ou de rectifier l'offre initiale (choix de la cible et du positionnement stratégique et choix des moyens commerciaux) pour qu'elle atteigne parfaitement son marché-cible. La liaison entre chaque nouvel élément avec les précédents est impérative si l'on veut aboutir à la construction d'un business plan complet, cohérent et argumenté.

L'analogie avec un navigateur s'impose. À partir de la connaissance du cap qu'il se fixe (ses objectifs de création), de la connaissance de son bateau (son offre initiale de produit ou service) et de ses compétences (ses atouts par rapport aux concurrents), le navigateur tient compte des conseils de son PC météo (données environnementales) pour atteindre son but. Et ces dernières informations peuvent remettre en cause partiellement ou plus profondément la route initiale du navigateur et par analogie les objectifs de la création.

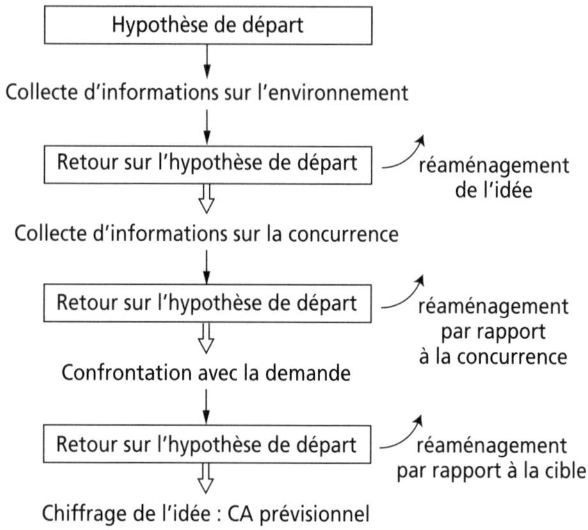

⇩ Les nouvelles données permettent de continuer l'étude. Éventuellement, de très légères évolutions s'imposent, mais elles ne nécessitent pas un réaménagement de l'idée.

Figure 2.2 – Retours sur hypothèse

Il faut lui accorder du temps

Il est nécessaire de l'identifier et de l'intégrer dans le « timing » global de la construction du business plan.

Le délai pour réaliser une étude de marché dépend de nombreux paramètres et notamment du type de produit ou service, du marché visé (protégé, grand public, géographiquement dispersé, etc.) et de l'expérience du créateur dans ce secteur (ancien cadre ayant 15 ans d'expérience dans le domaine, jeune créateur, etc.). Au minimum, une étude de marché prendra de trois à six mois pour collecter, traiter et analyser les informations. Mais ce délai peut être beaucoup plus long.

Pendant ces mois consacrés à l'étude de marché, le créateur passe par des phases parfois difficiles à vivre. En effet, il est fréquent de connaître des moments d'optimisme (rencontre très positive avec un futur fournisseur ou découverte d'un second marché-cible par exemple) suivis de moments de découragement (retours d'enquêtes négatifs ou mitigés, refus de référencement d'un futur client, etc.).
Se préparer à affronter ces moments permet de les aborder plus sereinement et de rechercher obstinément les prochains moments positifs.

Au-delà des mois qu'il représente, ce délai est tout à fait raisonnable et important si on considère que l'idée de départ doit « mûrir » et s'affiner progressivement. Ce « mûrissement » s'accompagne naturellement d'un certain délai très profitable qui évitera ensuite au créateur d'improviser et de décider dans l'urgence.

Il faut trouver le bon rythme

Chaque étape utilise les informations utiles issues de l'étape précédente, comme on l'a signalé. Cependant, de temps à autre, des chevauchements d'étapes ou de retours sur hypothèse perturbent cette chronologie. Le rythme de l'étude est important en ce sens qu'elle doit démarrer lentement pour finir plus rapidement. Une erreur fréquemment commise est de se concentrer directement sur l'étude terrain finale et d'escamoter la phase amont de la recherche, et notamment la définition de l'idée ou la connaissance des caractéristiques spécifiques du marché. Or, c'est précisément pendant cette phase amont que le créateur doit envisager toutes les opportunités, toutes les solutions et toutes les situations, c'est-à-dire avoir une attitude d'ouverture et d'écoute indispensable à toute étude de marché sérieuse.

La créativité et ses techniques trouve toute sa place à ce niveau, et ce point sera traité dans le chapitre 3.

Cette attitude permet d'éviter de graves erreurs, comme celles liées à la passion pour son produit ou service qui rendent le créateur « myope » par rapport à la réalité concurrentielle et

« sourd » aux attentes de ses futurs clients. *Un bon produit n'est pas bon en soi, il devient bon quand il rencontre une demande importante, durable et solvable*, comme c'est le cas de l'exemple ci-dessous.

Emery Jacquillat a créé Matelsom et vend des matelas de marque par téléphone à des prix inférieurs à ceux des magasins. Il a passé trois mois à s'informer sur le marché de la literie, trois autres mois à préciser son cœur de cible et les trois derniers à démarcher les fournisseurs. Ce concept ramené des États-Unis n'a pas nécessité une très longue étude, d'autant que les avantages offerts sont clairs même si les clients français n'étaient pas très habitués à ces pratiques commerciales.

Les exemples sont nombreux de fausses bonnes idées comme celle d'un catalogue de vente par correspondance de jeans, matériel hi-fi et disques compacts destiné aux adolescents. Malheureusement, les jeunes de cet âge n'aiment pas acheter par correspondance. Ou celle d'un ordinateur PC pour enfants, avec fonctions simplifiées, couleurs vives, ergonomie particulière et logiciels éducatifs. Cette offre n'a pas non plus jusqu'ici séduit les familles françaises qui ne s'équipent que de micros multiusages.

Une étude de marché doit être réalisée de façon objective et neutre

Toutes les informations, même celles qui infirment l'idée de départ doivent être collectées et analysées. D'autant que le créateur, même entouré d'une petite équipe, est seul avec son projet et doute par moment du bien-fondé de son idée. Le recueil d'avis d'experts du secteur est indispensable à condition de les traiter pour qu'ils deviennent « informations utiles ».

L'aide des conseillers, experts, parrains ou chargés d'affaires des incubateurs, est également précieuse.

Une opposition ou un doute bien analysés sont souvent le point de départ d'une amélioration de l'offre initiale. À condition d'être prêt à entendre ceux qui n'ont pas le même avis.

Une attention particulière doit être également portée à toutes les étapes de la construction de l'étude de marché car les risques d'erreur sont nombreux : erreurs dans la définition des objectifs, dans la cible et la rédaction du guide d'entretien, dans la collecte des données, leur traitement ou leur interprétation.

Il existe soi-disant deux méthodes possibles pour réaliser une étude de marché.

La première méthode privilégie l'étude de la demande puis celle de l'offre apportée alors que la seconde méthode se concentre tout d'abord sur l'étude des offres existantes avant d'aborder celle de la demande potentielle visée par le projet de création. La seconde méthode est véritablement celle que l'on peut appeler Étude de marché.

Premier type d'étude : l'étude de confirmation

Dans ce cas, le créateur a une idée très arrêtée (comme par exemple la création d'une société de création de films d'entreprises dans le secteur des loisirs) et cherche seulement et rapidement la confirmation du bien-fondé de son idée.

Sa démarche va consister à « vendre » son idée aux clients, par le biais de l'étude de la demande (entretiens/questionnaires)[1].

Cette méthode est dangereuse, car même si le projet est bien réfléchi et l'idée très arrêtée, elle *ferme les portes avant de commencer*. Il est risqué de créer une entreprise en fonction de sa seule expérience et de ses idées ou envies. Il est préférable de rechercher la satisfaction du client en lui offrant un vrai « plus ».

Dans ces conditions, on peut passer à côté d'informations essentielles qui éviteraient bien des problèmes dans le futur. On peut citer par exemple la connaissance de la faillite d'un concurrent sur le même créneau 6 mois auparavant, ou l'attaque pressentie par les experts de la part de certains fournisseurs ou de concurrents étrangers.

1. Voir lexique en fin d'ouvrage, ainsi que les chapitres 5 et 6.

Second type d'étude : l'étude de compréhension

Dans ce cas, il existe déjà une offre concurrente ou similaire qu'il faut analyser avant de se tourner vers la demande potentielle. Pour autant, le créateur n'a pas pour mission de réaliser une étude exhaustive sur toutes les offres existantes, et ce depuis 5 ans par exemple : la perte de temps est l'ennemi du créateur. Cependant, pour ne pas « réinventer l'eau tiède », il est tout à fait nécessaire de connaître les caractéristiques du marché sur lequel on souhaite s'imposer (la création de films d'entreprises dans les loisirs par exemple) ainsi que les modes de fonctionnement des concurrents déjà présents, sans oublier les pratiques des clients actuels.

Aussi, l'objectif de cette configuration est d'obtenir dans les meilleurs délais et de la part de sources fiables (experts, organismes d'étude sérieux, etc.) des informations utiles, des signaux faibles ainsi que tous les « trucs » du métier. À partir de ces informations, l'analyse de la demande potentielle spécifique demeure essentielle pour aboutir *in fine* à la définition d'une offre complète et cohérente ainsi que des prévisions de chiffre d'affaires.

Cette configuration « ouverte » sera privilégiée dans la suite de cet ouvrage dans la mesure où elle apporte, selon nous, de meilleurs gages de résultat et ceci, quel que soit le type de création envisagée.

Elle peut être résumée sur une fiche.

Fiche : Méthodologie générale d'une étude de marché de compréhension

1. Présentation du projet initial

Hypothèse de départ : description précise de l'offre et première matérialisation (maquette, prototype, ...)
Valeur ajoutée apportée,
Points forts/faibles du projet
Atouts/handicaps du créateur et niveau de connaissance a priori du secteur

CONNAISSANCE DU MARCHÉ ET ÉTUDE DES OFFRES EXISTANTES :
recherche d'informations utiles

2. Étude exploratoire documentaire et recherche d'avis d'experts
Pour comprendre le marché, ses règles du jeu et répondre aux questions :
Qui ?
Quoi ?
Où ?
Quand ?
Comment ?
Pourquoi ?

3. Synthèse des offres existantes, délimitation du marché utile et proposition de couverture du marché.

4. Retour sur hypothèses/Approfondissement du projet

ÉTUDE DE LA DEMANDE POTENTIELLE SPÉCIFIQUE :
pour chiffrer le projet

5. Études approfondies de compréhension de la demande
Entretiens collectifs et/ou individuels auprès des clients potentiels
Recueil d'avis d'experts, de clients et fournisseurs

6. Retour sur hypothèses
Affinement du positionnement stratégique (ou doute/rejet)

7. Quantification de cette demande :
Prévision des ventes et hypothèses de chiffre d'affaires :
- méthode de la chaîne des ratios
- sondages
- tests complémentaires

8. Retour sur hypothèses
Retouches éventuelles légères du projet

DÉFINITION DE L'OFFRE DÉFINITIVE

9. Positionnement stratégique de l'offre
Définition d'une offre cohérente et compétitive
Construction du marketing-mix
Perspectives de développement

Les particularités de chaque projet renforcent le poids de la réponse à la question inévitable : est-il préférable de faire ou de faire faire l'étude de marché?

Faire ou faire faire?

Chaque cas étant particulier, il n'existe bien entendu pas de réponse unique, d'autant que chaque élément de l'alternative présente des avantages mais aussi des inconvénients, comme le montre le tableau récapitulatif 2.1.

Tableau 2.1 – Faire ou faire faire l'étude de marché

	Avantages	*Inconvénients*
Faire	• Le créateur est celui qui possède la meilleure connaissance du produit, service ou concept envisagé • Sa forte implication dans le projet • Sa sensibilité à toute information pertinente pour le projet • Il partage le même langage avec ses clients et fournisseurs • Moindre coût	• Manque de recul du créateur par rapport à cette connaissance du projet • Méconnaissance des spécificités des études de marché ou de la gestion des entreprises • Risque de myopie notamment technique • Position et interrogation délicate des futurs clients ou fournisseurs
Faire faire	• Compétences maîtrisées par la société d'étude spécialisée • Travail exécuté dans un délai défini • Négociation du prix • Permet au créateur de prendre du recul • Clauses à établir dans le contrat d'étude (confidentialité, etc.)	• Difficultés pour sélectionner la société d'études (sur quels critères?) • Peur et risque d'être dessaisi des grandes décisions pendant l'étude • Coût élevé, même si des aides existent (Frac, etc.) • Peur de perdre la configuration du projet

€

Le FRAC (fonds régional d'aide au conseil) finance la réalisation d'études de marché :

– jusqu'à 50 % du coût HT de l'intervention de plus de 5 jours avec un maximum de subvention de 30 000 €,

– jusqu'à 80 % pour une intervention inférieure ou égale à 5 jours et un maximum de 3 800 €.

Se renseigner dans les DRIRE (Direction régionale de l'industrie, de la recherche et de l'environnement) ou auprès du conseil régional.

www.drire.gouv.fr

Le créateur peut également avoir recours à des sociétés qui réalisent des études de marché à petits prix et qui lui apporteront une première vision (www.benchmark.fr pour 1 600-2 000 € HT ou www.tns-direct.fr pour 4 500 € HT).

Le choix faire ou faire faire sera la conséquence de la confrontation entre les objectifs, les moyens et les contraintes du créateur, comme le synthétise la figure 2.3.

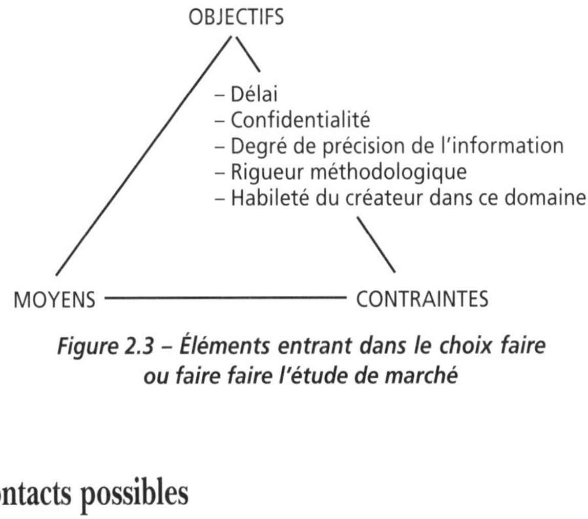

Figure 2.3 – Éléments entrant dans le choix faire ou faire faire l'étude de marché

Contacts possibles

Fédération des syndicats de cabinets conseil (regroupe également les sociétés d'études de marché et d'opinion)

SYNTEC Conseil en management www. syntec-management.com

Junior Entreprises (132 en France)

Elles pratiquent des tarifs concurrentiels.

Confédération Nationale des Junior Entreprises

Tél : 01 43 70 26 56 Fax : 01 43 70 23 13 www.junior-entreprises.com

Pour diminuer le coût d'une étude de marché, *il est possible de faire réaliser une partie en souscription* à la condition que le sujet étudié soit simple. Une société d'études propose par exemple trois thèmes d'études sur un marché (automobile), une population (les jeunes couples) et un événement (les vacances). L'étude finale est lourde et longue à réaliser mais chaque client paie seulement sa quote-part.

Cette solution intéressante sur un marché large est peu connue des futurs créateurs. Il faut veiller tout de même de retrouver des informations suffisamment intéressantes pour le projet, même en première approche.

Dans le cas où le créateur choisit la solution de faire faire, il est important qu'il précise bien les contours et les objectifs de l'étude de marché qu'il souhaite totalement ou partiellement déléguer, c'est-à-dire le protocole d'étude.

Il doit *définir avec la société d'étude un cahier des charges* qui sera un « outil de dialogue » entre les deux parties. Ce document est un devis détaillé, qui engagera les contractants dès signature. La fiche suivante indique tout ce qu'il doit contenir. Le délai d'une étude est variable selon le type de clientèle visée, l'ampleur de la recherche et l'espace géographique désiré. Le délai minimum est le plus souvent de 2 mois. Au-delà de 6 mois (sauf sujets très particuliers) les données risquent une certaine obsolescence.

Dans tous les cas, le créateur ne doit jamais se laisser dessaisir de l'étude mais au contraire s'impliquer dans la maîtrise de l'information, quelle que soit la forme du partenariat ou de la coproduction de celle-ci.

En revanche, s'il réalise lui-même son étude de marché il est important, pour clarifier ses idées et prendre du recul, qu'il réalise une synthèse comme celle qu'il aurait reçue s'il avait fait appel à une société spécialisée. Il doit agir comme s'il se remettait à lui-même son propre cahier des charges.

Fiche : Cahier des charges type

Le problème posé et les objectifs de l'étude
Les choix méthodologiques
Type d'étude
Inventaire des informations à recueillir
Méthode de collecte des informations
Méthode d'analyse des données
Synthèse de l'étude
Remise d'un rapport écrit et présentation orale. (Le rapport oral est utile pour le créateur qui peut se faire préciser certaines données ou certains résultats.) Le rapport comprend généralement les points suivants :
- sommaire
- résumé
- méthodologie
- analyse des résultats
- conclusion
- annexes

Le budget évalué HT *(L'usage veut que la moitié soit versée à la commande et le solde à la livraison.)*
Le délai
(Il est également d'usage de demander un rapport d'étape à mi-parcours.)

Particularités de l'étude de marché en phase de création

L'étude de marché en période de création répond globalement aux mêmes principes qu'une étude de marché traditionnelle à la différence de certaines caractéristiques qui rendent sa préparation et sa réalisation un peu plus compliquées. Les principales différences sont les suivantes.

L'étude de marché doit se réaliser sans *aucune référence interne antérieure* puisque l'entreprise n'existe pas encore.

Son *objet est souvent* plus large que celui des entreprises existantes qui cherchent à vérifier ponctuellement un aspect de leur marché ou de leur offre commerciale.

Ici, il s'agit d'étudier à la fois la concurrence, le marché et la place que l'offre potentielle du créateur peut espérer occuper. En même temps, elle doit être réalisée de manière pragmatique et très proche du terrain.

Le *délai de réalisation est souvent très court* et les *budgets limités*, ce qui entraîne souvent le créateur à réaliser l'étude de marché lui-même alors que sa connaissance en la matière est réduite, et cela même si des aides existent, comme on l'a signalé.

Le créateur, au-delà du manque de moyens, est seul pendant cette période, doute et peut difficilement se confier à des personnes extérieures, par *souci de confidentialité* du projet. Ce souci, légitime pour éviter de voir son idée récupérée par un tiers malveillant, rend également difficile les entretiens avec les experts du secteur ou les futurs clients[1].

☞

> Cela peut d'ailleurs être un bon argument pour déléguer cette partie de l'étude à des spécialistes.

Associer la vision macro-économique et la vision micro-économique

La vision « macro » concerne le marché dans son ensemble, sa taille, ses composantes et son évolution.

---

1. Dans le cas de projets technologiques ou innovants, il est conseillé (et très pratiqué) de faire signer un document, appelé « clause de confidentialité », lors de l'entretien avec un expert, fournisseur, futur client ou avec tout autre interlocuteur. Ce document protège le créateur et son idée.

On l'obtient auprès des sources statistiques nationales et régionales qui fournissent des grandes tendances.

Ces informations ne donnent pas de réponse directe aux questions que se pose le créateur et ne permettent pas d'en tirer des conclusions précises quant au montant du chiffre d'affaires prévisionnel.

Cela étant, l'analyse du marché et de ses principales caractéristiques (analyse des facteurs d'environnement, caractéristiques de fonctionnement et évolutions probables, nombre et attitude des clients actuels, des fournisseurs, des intermédiaires, des distributeurs ou des prescripteurs) ainsi que sa segmentation en plusieurs sous-segments homogènes, fournissent un cadre de référence tout à fait appréciable pour la suite de l'étude du marché.

La vision « micro » retrace des informations liées au projet et tous les rapports directs avec les acteurs concernés.

On l'obtient par des entretiens avec des experts ou des fournisseurs habituels et par l'étude des attentes des clients potentiels.

Il n'est pas sain de limiter sa recherche aux seules commandes futures ou en cours et il est préférable d'affiner et d'actualiser sa connaissance du marché dans lequel le projet se situe par des informations plus générales qui peuvent modifier le projet. Il n'est pas sain non plus de se cantonner à observer les données générales et à les adapter pour en déduire des conclusions locales pour le projet. Ces deux attitudes partielles n'apporteront pas chacune des informations suffisamment pertinentes au créateur pour la construction cohérente de son business plan. En fait, ces deux attitudes ne sont pas opposables mais tout à fait complémentaires. Elles doivent être en parfaite interaction, comme dans la construction méticuleuse d'un puzzle.

Une vision à la fois « macro » et « micro » est donc nécessaire. Il faudra lors de l'étude de marché sans cesse organiser des passages entre ces deux visions et encourager l'effet de chaînage pour déterminer l'offre précise à partir de données plus globales.

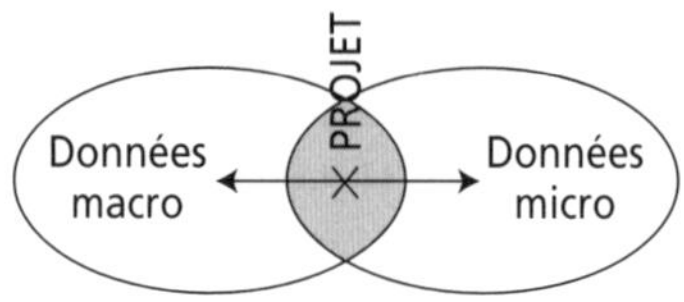

Exemple

On peut illustrer cet effet de chaînage à partir de l'exemple du projet de création d'une chaîne de « glacier artisanal » à Paris tout d'abord puis dans quelques grandes villes françaises ensuite.

À partir du volume annuel, de la fréquence, de la saisonnalité et du type de consommation nationale (sources : Insee, Credoc, syndicat professionnel, etc.), on peut déterminer le marché potentiel théorique, qu'il convient de ventiler en glaces achetées ou à consommer sur place, en grande surface, en boulangerie/pâtisserie ou chez un glacier. Ensuite, on peut ventiler par type de parfum. Ces données générales apportent déjà une première vision au créateur. Mais à partir de ces données, il est nécessaire de se consacrer aux habitudes de consommation des Parisiens (dans un premier temps). Ces informations locales permettront de préciser le concept, tant au niveau de l'offre des glaces (sur place/à emporter, en boules/au litre, parfums vedettes, etc.) qu'à celui des lieux de distribution, du niveau de prix et de la politique de communication à envisager.

L'organisation de ce « va-et-vient » entre les données micro et macro est de la responsabilité du créateur qui décidera de la fréquence et du nombre des interrelations nécessaires.

Le type de clientèle est un autre élément à prendre en compte : la clientèle est-elle composée de consommateurs individuels (ou B to C « business to consumer »), d'autres entreprises (« business to business » ou B to B) ou de marchés institutionnels (dans ce cas on parle de B to G ou « business to government ») ?

Quelle clientèle vise-t-on ?

Est-ce une clientèle de grande consommation ?

Une clientèle de grande consommation (business to consumer) correspond à des produits ou services vendus au grand public.

L'étude de marché sera complète et détaillée pour situer la position des concurrents, les modes de distribution habituels et les attentes des clients : l'étude documentaire sera précise et complétée par des enquêtes et entretiens auprès de la clientèle ciblée. Par exemple : vente sur internet, produits alimentaires, assurances, …

Est-ce une clientèle industrielle ?

Une clientèle industrielle (business to business) correspond à la vente de produits et services à d'autres entreprises ayant des modes de sélection et d'achat formalisés. Les acheteurs en nombre restreint, spécialisés, consomment généralement de plus grosses quantités.

L'étude se concentrera sur des enquêtes auprès de clients potentiels, des experts du secteur (fournisseurs, distributeurs, etc.), après avoir analysé les tendances du marché et la concurrence. Par exemple : services aux entreprises.

Est-ce une clientèle institutionnelle ?

Une telle clientèle se comporte souvent comme une clientèle industrielle, à la différence de la variable prix. En effet, cette clientèle fonctionne le plus souvent par des appels d'offre, par des procédures de marché où le prix est déterminant et avec des délais de paiement assez longs.

Par exemple : toutes les activités en direction des lycées, hôpitaux, universités, ministères et collectivités.

Un cas particulier intéressant à signaler est celui d'une clientèle localisée

> Une clientèle localisée correspond à une vente de proximité aux consommateurs résidant ou passant dans la zone de chalandise.
> L'étude devra alors privilégier l'observation détaillée de la zone géographique, le calcul de la dépense commerciale des ménages quant au type de produit ou service proposé, les enquêtes sur les habitudes de la clientèle ainsi que l'observation des points de vente concurrents situés dans la zone. Par exemple : station touristique, musée, commerce[1].

Construire un cadre d'étude adapté à son projet

Trop souvent l'étude de marché est considérée comme un moyen d'étude stéréotypé. Or, chaque étude de marché est unique parce que le problème à résoudre est unique. Pour que le déroulement soit le plus satisfaisant possible et le plus efficace aussi, il convient de construire un cadre d'étude appelé « protocole d'étude » dont les outils et les exigences seront adaptés à chaque problème.

Réaliser une étude de marché consiste à **faire des choix** en termes :

- d'outils : entretiens plutôt qu'enquêtes[2] par exemple,
- de rythme : allongement ou raccourcissement de telle ou telle étape,
- d'approfondissement de certaines étapes en fonction du type de projet (« push » ou « pull » par exemple).

Ces choix sont des choix personnels qui doivent être déterminés par le futur créateur et son équipe en fonction de son niveau de connaissance préalable du marché, de ses marges de manœuvre, exprimées en délai et budget, et de son engagement dans la réalisation proprement dite de l'étude de marché.

Les projets de création peuvent être classés en deux grands types : les projets « push » ou les projets « pull », de l'anglais

1. Voir P. Madry, *Créer son commerce*, Dunod, coll. entrepreneurs, 2006.
2. Voir lexique.

« pousser » et « tirer ». Chacun de ces types présente des caractéristiques différentes dont il faut être conscient car elles entraînent des choix méthodologiques d'étude également différents.

Caractériser le type de projet : « Push » ou « Pull »

En fonction du degré d'innovation du produit ou service à développer, deux variantes sont possibles pour réaliser l'étude de marché. Après un bref rappel sur les différentes innovations, les deux types de projet « push » et « pull » seront développés pour terminer les deux méthodologies d'étude.

Les innovations peuvent être classées en 3 catégories :

- les innovations radicales, qui nécessitent pour leur exploitation de nouveaux moyens de production et s'adressent à de nouveaux marchés. Elles sont issues de la recherche-développement. Elles sont aussi appelées « innovations de rupture », car elles perturbent l'ordre des choses. Elles sont généralement concentrées sur toutes les activités qui relèvent des sciences du vivant et de la haute technologie, et sont finalement peu nombreuses ;
- les innovations majeures suivent les innovations radicales et intègrent, à côté de la dimension technologique, un côté organisationnel ou commercial fort, qui aide à leur diffusion sur le marché. Ce sont des innovations dans les matériaux, dans les possibilités d'utilisation de technologies ou dans les modes de distribution. La franchise a été une innovation majeure dans le panorama de la distribution ;
- les innovations mineures ou incrémentales sont le lot quotidien de toutes les offres de produits et de services nouveaux. Elles peuvent être d'origine technique (améliorations de produits brevetés existants), organisationnelle (une meilleure organisation interne de l'entreprise permettant de servir les clients plus rapidement et dans de meilleures conditions) ou commerciale (distribution dans de nouveaux canaux).

> On peut évoquer les nouveaux tubes ou flacons de dentifrice liquide, les modifications d'horaires dans une chaîne de magasins, l'organisation d'un service après-vente 24 heures sur 24.

Les chaussures BiShoes ont innové en proposant à leus clients un « plus authenticité » décliné en « BiShoes, c'est un mode vie, un style, une attitude ». Concrètement, ces tongs et ces sandales sont réalisées en matières naturelles (coton et cuir) et distribuées dans les surfshops et dans les rayons « sports de glisse » des magasins. Les clients ont apprécié ce plus et les ventes ont doublé entre 1997 et 2000. Reprise par Lafuma en 2006, leur innovation est toujours d'actualité.

L'entreprise K-Way a également innové ces dernières années pour rajeunir son image, conserver la qualité sans détériorer le niveau de prix en proposant une gamme de vêtements nouveaux anti-moustiques et anti-UV.

Phytomer, petite entreprise bretonne fondée en 1971 à Saint-Malo résiste face au leader du marché l'Oréal par son positionnement innovant. Elle adapte les propriétés naturelles des algues à l'univers du cosmétique.

Oenobiol a été plus en rupture dans son processus d'innovation dans la mesure où le cosmétique est devenu « alimentaire » sous la forme de gélules à prendre pour embellir et améliorer sa forme.

Votre projet est-il « push » ?

Un projet « push »[1] correspond à un projet ou à un concept nouveau, innovant, pour lequel il n'existe pas de concurrence directe et peu ou pas de concurrence indirecte comme les projets de haute technologie.

On est ici dans une logique de « création de marché », c'est-à-dire de marketing inversé (relation aval/amont)[2] qui évoque la volonté de remonter à contre-courant des idées habituelles en restant maître des objectifs. Dans cette logique, c'est l'offre nouvelle qui conditionne la demande.

On peut également citer le cas du lancement de deux marques traiteur de produits frais bio « Côté Bio » en grande distribution et « Carte Nature » chez les détaillants spécialisés par un club d'entreprises, le club Gier.

Ne pas toujours laisser l'initiative au consommateur peut se révéler une bonne idée, surtout quand il s'agit d'une innovation. Ainsi, le patron de Sony a créé le « walkman » pour continuer à écouter sa musique préférée dont il était grand amateur pendant ses parties de golf.

---

1. ou « technology push ».
2. Pour plus de détails, voir P. Ochs, *Le Marketing de l'offre*, Economica, 1998.

L'entreprise Buronetworks propose un bureau équipé en nouvelles technologies et assistance technique en libre-service, à Paris. « L'entreprise de demain » imaginée par son créateur est typique d'un projet « push » qu'il a pensé et poussé jusqu'aux clients travailleurs indépendants, cadres de passage ou PME du quartier. De plus, l'entreprise propose de nombreux services et solutions aux entreprises. www.buronetwork.fr

Dans ce type de cas, l'étude de la demande ne doit pas être orientée vers la reconstruction d'éléments ou de phénomènes connus. On doit plutôt viser à « apprendre à désapprendre », oublier les univers connus pour pouvoir en imaginer d'autres, créatifs et porteurs de valeur pour la clientèle potentielle.

Il est alors possible que des phases de l'étude de marché soient raccourcies ou limitées au profit de phases d'élaboration ou d'actions plus rapides et moins séquentielles que dans une démarche classique.

Aussi, certaines études de quantification peuvent-elles s'avérer inopérantes dans le cas d'une offre radicalement nouvelle. De simples tests rapides et exploratoires peuvent suffire, du moment qu'ils cherchent à valider les points essentiels et notamment l'acceptation de la nouveauté par la cible visée.

L'étude des offres existantes sera réduite à sa plus simple expression, c'est-à-dire à celle des offres de la concurrence indirecte. L'étude peut également se faire par analogie. Les données récoltées peuvent se révéler a priori assez éloignées des préoccupations immédiates du créateur mais se révéleront probablement très utiles ensuite. Le plus important ici est de rechercher les éléments déclencheurs de l'achat de la part d'une demande potentielle difficile à identifier et pas encore concernée.

L'étude de la demande potentielle privilégiera pour cette raison les entretiens individuels ou collectifs visant à comprendre sa réaction.

L'objectif du créateur devra s'inscrire dans une logique de création de nouvelles conditions de croissance permanente.

Votre projet est-il « pull » ?

Un projet « pull[1] » est plus classique et plus fréquent. Il concerne la majorité des produits et services.

Le concept existe déjà, des concurrents directs et indirects rivalisent et se partagent le marché. Le créateur aura ici pour tâche de comprendre le processus d'achat des clients actuels afin d'envisager les moyens de se différencier pour s'octroyer une place parmi ces concurrents.

La logique est celle de « partage du marché », par opposition à celle de « création de marché » dans le cas d'un projet push, c'est-à-dire qu'il faut ici s'adapter à une demande existante préalablement identifiée et déjà satisfaite.

L'objectif final de l'étude de marché va consister à chercher les éléments qui permettront de différencier l'offre et de chiffrer cette place potentielle.

L'étude des offres concurrentes directes et indirectes existantes est ici essentielle pour décortiquer les possibles différenciations envisageables qui permettront de satisfaire les clients potentiels, sachant que les clients, d'une manière générale, sont versatiles et que leurs goûts et aspirations évoluent parfois très rapidement[2].

La difficulté dans un projet pull (par opposition au manque d'information qui entoure un projet push) réside dans les nécessaires tri et traitement de l'information récoltée. Cette information est surabondante et il est nécessaire de l'organiser (le chapitre 3 en traitera).

À partir de ces données, l'étude de la demande potentielle utilisera tous les outils disponibles pour tester et chiffrer l'accueil que cette demande réservera au produit ou service différencié.

---

1. Ou « market pull ».
2. Nous sommes dans une économie du « tohu-bohu », selon O. Badot et B. Cova, in *Le néo-marketing*, ESF, 1992.

Une erreur à éviter est de penser qu'il est possible de changer le marché.

« Les créateurs ont souvent du mal car ils n'ont pas suffisamment testé leur concept : ils ne se rendent pas compte qu'ils n'apportent pas un avantage concurrentiel réel. Ils ne mènent pas assez d'études qualitatives. De plus, une entreprise en création, contrairement à celles déjà installées, n'a pas la puissance de feu nécessaire pour changer un marché… » M. Coster

Quel que soit le type de projet, « push » ou « pull », il est bon, au-delà du sérieux de la méthode utilisée, de laisser parler quelque peu son intuition (Battberg et Hoch, 1991).

☞

Kookaï a été lancée en 1983 sans aucune étude de marché, mais sur une idée créative : des produits mode pour les jeunes qui mettent en valeur les formes et à des prix abordables. L'absence d'étude de marché est peut-être une légende, mais en revanche il est certain que le créateur de cette marque connaissait par ailleurs très bien le secteur et de ce fait, son intuition a pu remplacer, pour une part, l'étude de marché.
(cité par J.-L. Giannelloni et E Vernette, *Études de marché*, Vuibert, 1994, p. 7)

À partir de la méthodologie générale de l'étude du marché et selon les projets « push » ou « pull », certaines étapes vont devoir être privilégiées alors que d'autres vont perdre du sens. Le tableau suivant permet de synthétiser ces différences, les croix correspondant à la fois à la quantité d'information existante et à l'importance de chaque étape.

***** très grande quantité d'information/étape très importante
*** moyen
* faible

Étape	*Projet PUSH*	*Projet PULL*
1	***	***
2	* / **	****
3	* / **	***
4	***	***
5	*****	** / ****
6	***	***
7	* / **	** / ***
8	***	***
9	***	***

Les synthèses d'information récoltée et les retours sur hypothèses sont aussi importants dans les deux cas. La différence majeure provient du fait de l'existence ou non de concurrence directe et indirecte.

Ainsi dans le cadre d'un projet pull, la concurrence étant déjà installée, sa connaissance et son identification précise requièrent une importante étude documentaire (étape 2), alors que cette dernière sera beaucoup plus rapide pour un projet « push », pour lequel il n'y a pas de concurrence directe et peu de concurrence indirecte. Pour combler ce manque d'information, l'étude approfondie de la demande (étape 5) sera déterminante pour ce type de projet et restera importante pour les projets « pull ». Enfin, la quantification (étape 7) sera plus une conséquence des entretiens dans un projet « push » qu'une étude terrain spécifique plus utile pour un projet « pull ».

Chaque créateur organisera par la suite sa propre méthode, alors que les chapitres suivants envisagent l'ensemble des méthodes et outils, à commencer par l'organisation du système d'information.

Pour conclure

Quelques remarques importantes sur les erreurs à ne pas commettre et quelques conseils permettant au créateur de prendre du recul par rapport à son idée.

Ce qu'il vaut mieux faire

Évoquer et synthétiser les conseils peut se faire en évoquant, a contrario, les erreurs à éviter avant d'aborder réellement l'aspect conseils. Les erreurs les plus fréquentes sont les suivantes :

- Foncer sans tester son idée
- Oublier d'apporter un bénéfice réel au client (pas forcément révolutionnaire mais un « plus » tel que le service après vente, un délai, une garantie, etc.)
- Mal apprécier le marché (nombre de clients, solvabilité, etc.)
- Estimer le marché en consultant un nombre restreint de sources
- Sous-estimer la concurrence au sens large (directe et indirecte)
- Sous-estimer le coût d'entrée sur un marché (prototype, documentation, contacts et prospection)
- Négliger les sources d'information gratuites (distributeurs, vendeurs…)
- Croire que les prospects vont tous se transformer en clients
- Mal évaluer les délais de réponse des clients
- Interroger les mauvaises personnes
- Mal définir les objectifs de l'étude
- Sous-traiter la réalisation de l'étude sans s'impliquer et sans suivre le déroulement
- Choisir un mauvais prestataire pour réaliser l'étude
- Ne pas se fixer d'objectifs cohérents ou les exprimer en valeur relative plutôt qu'en en valeur absolue
- Mal positionner ses produits et services par rapport à la concurrence directe et indirecte
- Mal étudier le circuit de distribution
- Ne pas cibler la communication
- Opter pour une organisation interne déficiente qui ne permet pas de soutenir le lancement de nouveaux produits

Quelques exemples pour réfléchir...

• *Apporter un « plus » au client est absolument essentiel mais cet avantage ne doit pas être trop en avance sur la période.* Par exemple, en 1921, Caroni avait inventé le fer à repasser à vapeur. Or l'utilisation de cet appareil ménager a été beaucoup plus tardive.

• *Ne pas sous-estimer l'existence et la riposte des concurrents.* Quand Philippe Mondan a ouvert son deuxième magasin Extrapole sur les grands boulevards parisiens, il a étudié sérieusement la concurrence : la Fnac-Musique du boulevard des Italiens et toutes les librairies environnantes. Mais il avoue avoir sous-estimé la proximité du BHV (qui propose des rayons livres, disques, cassettes vidéo) et la guerre des prix que lui ont livrée la Fnac et Virgin pour « l'accueillir ». Depuis, ses 10 magasins sont devenus des megastore Virgin.

• *Ne pas surestimer la taille du marché.* Trop de créateurs croient le marché extensible et surestiment l'importance de la clientèle potentielle. Serge Diloy a créé Volute, une petite entreprise d'édition, connue également sous le nom de « la Bibliothèque idéale ». Il se préparait à lancer une revue pour les amateurs de cigares. D'après les différentes études de consommation, il existe en France plus de 300 000 consommateurs potentiels mais l'enquête qualitative a montré que les vrais amateurs n'étaient en fait que 30 000. Le marché est trop petit pour une revue luxueuse.

Ce qu'il vaut mieux faire

Évaluer avec soin toutes les implications du concept
Accepter de considérer l'ensemble des données
Valider le concept auprès de la cible et des distributeurs
Tester le « mix-produit » auprès de la cible visée
Déterminer et hiérarchiser les facteurs-clés de succès du produit ou service
Aller voir les clients potentiels et les interroger sur les produits, leur utilisation
Prendre en compte les tendances passées et futures
Mesurer la représentativité et la fiabilité des résultats
Minorer les résultats par principe de prudence
Vérifier la compétence de la société d'études en cas de « faire faire »
Exiger que la société d'études s'implique par écrit (cahier des charges).

À partir de l'ensemble de ces principes, le travail sur l'hypothèse de départ va pouvoir commencer, c'est-à-dire sa clarification et la construction d'un système d'information spécifique (chapitre 3).

Chapitre 3
Se documenter pour tester la validité de son idée

Cette première phase de l'étude de marché est cruciale et délicate : cruciale car toute l'étude va être réalisée sur la base d'une idée ou hypothèse de départ ; délicate dans la mesure où le créateur est souvent persuadé que son idée est « géniale », claire et compréhensible pour tous, ce qui n'est pas toujours le cas.

Il convient de tester tout d'abord la validité de cette idée de départ, avant d'enclencher toutes les autres phases de l'étude. La confrontation de l'idée avec les acteurs du secteur, appelés experts, est une nécessité ainsi que la sortie de son isolement : trop souvent, le créateur est noyé dans son projet et oublie de considérer l'environnement qui l'entoure.

La situation peut se résumer au schéma de la figure 3.1.

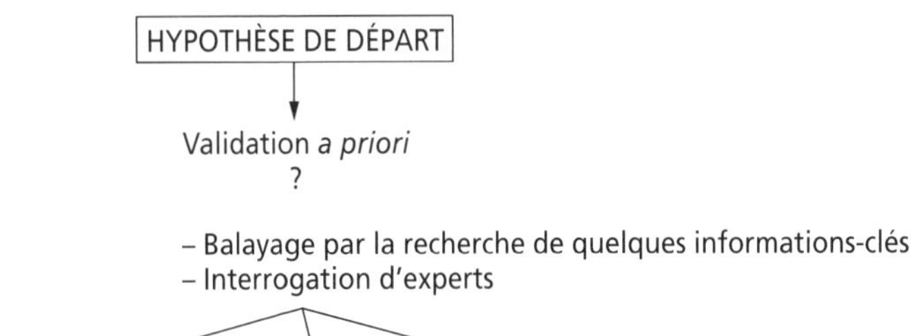

Figure 3.1 – Tester l'idée de départ

L'objectif central à ce stade de la démarche consiste à tester son idée de création même si comme il a été rappelé dans le chapitre 1, cette idée évoluera au fur et à mesure du déroulement de l'étude notamment par le biais des retours sur hypothèses. La situation est paradoxale : il faut partir d'une idée relativement délimitée pour pouvoir réaliser une étude de marché fiable et significative, mais en même temps, on sait que cette idée de départ va subir des transformations au cours du temps.

Pour que votre idée se transforme en succès, mieux vaut arriver au bon moment sur un marché : le fameux « *just in time* » (ni précipitation ni retard), comprendre et capter les besoins existants et latents des clients. Par exemple, le vépéciste « *Joué Club* » « Bien Joué » fait tester ses jouets par un panel d'enfants et de parents avant de les retenir dans son catalogue.

N'oubliez pas que les idées simples sont quelquefois les meilleures et qu'il vous faut offrir un produit ou un service augmenté d'un « plus ». Selon Secodip, 60 % des échecs concernent des produits qui s'appuient sur des concepts déjà existants, voire qui imitent des produits déjà commercialisés, ce que les Anglo-Saxons appellent les *« me too products »*. Le manque d'originalité et d'adaptation est fatal. En revanche, l'originalité ne rime pas automatiquement avec un prix très élevé. Le bénéfice client (le « plus ») doit être en rapport avec le supplément de prix demandé au client.

Pensez aussi à anticiper le développement de l'idée. Un nouveau produit de grande consommation sur deux disparaît rapidement après son lancement. XTC, entreprise spécialisée dans la veille marketing indique qu'un produit sur cinq est retiré du marché au cours des deux premières années après son lancement et qu'un sur quatre est modifié de manière significative. L'évolution rapide des goûts des consommateurs semble en être la cause majeure. Surfer sur une tendance émergente n'est pas pour autant gage de réussite. Cela peut se transformer en commercialisation de gadgets aux cycles de vie *a priori* courts, comme par exemple les jeux des enfants dans les cours de récréation qui changent tous les ans : yoyos, osselets, pogs ou footbag.

> Le consommateur devra avoir envie des produits que vous lui proposerez. L'entreprise « Nature et découvertes » est une illustration de tous ces conseils. Son « plus » consiste à offrir à une certaine catégorie de clients des produits simples et naturels qui répondent à leur besoin de retour à des valeurs authentiques liées au développement durable.

Le schéma ci-après résume les critères de succès selon Secodip. Sur 100 produits, d'après cette source, 27 sont de vrais succès, 28 des succès mitigés et 45 des échecs.

Les critères du succès d'après la Secodip

Échecs		*Succès*
Pas d'innovation dans 61 % des cas	*Concept du produit*	Innovation dans 50 % des cas
Cible réduite dans 58 % des cas	*Clientèle visée*	Cible étendue dans 77 % des cas
Pas d'amélioration dans 48 % des cas	*Amélioration en termes d'usage*	Amélioration dans 78 % des cas

Vous allez retirer de cette étape de recherche d'information trois grands avantages : une prise de recul, un bilan des connaissances et une mise en cohérence du projet.

Premier avantage : vous prenez du recul

Tout d'abord, elle oblige le créateur à « sortir son idée de sa tête » et à la transcrire en quelques lignes. Rappelons que ces quelques lignes retraçant le fondement de l'idée de création constitueront ensuite le début du document global Business Plan. L'effort à réaliser ici est de définir son idée dans des termes clairs, précis et compréhensibles pour un acteur extérieur au secteur donné.

Ceci est encore plus déterminant dans les projets de haute technologie où le chercheur essaie le plus souvent de convaincre de l'avantage technique de son idée. Le problème vient du fait que ses interlocuteurs (futurs clients, financeurs, partenaires, etc.) qui n'ont pas forcément la même formation que lui, ne comprennent pas le même langage et surtout n'attendent pas la même chose de la commercialisation de l'idée :

- Un banquier ou un capital-risqueur attendent un taux de rentabilité ou un retour sur investissement donné,
- Un futur client recherche une solution à un de ses problèmes et non une série de caractéristiques techniques,
- Un partenaire attend un maillon manquant dans son processus. Ce maillon intermédiaire inexistant auparavant peut être un gain de temps, de sécurité etc.

En ce qui concerne les produits ou services grand public ou business to business[1], le client souhaite acquérir une solution, c'est-à-dire une réponse en terme de « à quoi cela sert » et non de « comment cela marche ».

L'écriture de ces quelques lignes, à partir d'une liste de questions à se poser, demandera un temps minimum de réflexion à son auteur qui recommencera sans doute sa copie à plusieurs reprises.

Le seul test sera la compréhension de l'idée de la part d'interlocuteurs les plus variés possible.

Le meilleur conseil est de parler de son projet au plus grand nombre de personnes, la seule limite étant la confidentialité.

Testez votre idée en résumant ses points forts

Les avantages offerts par mon produit ou service : ....
Le/les type(s) de clientèle visée : ....

1. Voir le lexique en fin d'ouvrage.

Testez votre idée en résumant ses points forts

Le prix :
....
....

Le niveau de service :
....
....

Les moyens de communiquer cet avantage :
....
....

Deuxième avantage : vous faites le point

Toute personne désirant se lancer dans la création d'entreprise doit passer en revue les grandes lignes et tendances qui permettent de clarifier le marché et la concurrence du secteur sur lequel elle souhaite intervenir. Ces informations seront naturellement approfondies ensuite dans le cadre de l'étude des offres existantes (chapitre 4).

Cela étant et dès à présent, posséder une première vision claire des quelques points-clés essentiels donne un premier éclairage et permet de mettre en évidence les principaux points forts et points faibles du projet, dans un environnement donné et par rapport aux concurrents.

Les points-clés peuvent être la taille du marché, son taux de croissance, la relative absence de concurrents, l'évolution des goûts des clients, l'évolution technologique déterminante, etc.

Troisième avantage : vous vérifiez la cohérence de votre projet

Enfin, cette étape sera à relier au bilan que le créateur aura réalisé concernant ses propres compétences et aspirations de futur créateur et par rapport à son équipe si elle existe.

Une certaine cohérence doit exister et être valorisée entre ces trois points : l'état de la connaissance du marché, les points forts et faibles du projet et les compétences et les objectifs (rentabilité, niveau de risque accepté, notoriété souhaitée et croissance visée…) du créateur.

S'investir dans cette étape, même si le créateur souhaite engager l'étude de marché proprement dite et pense qu'ici il gaspille du temps, correspond au contraire à un gain de temps pour la suite de l'étude et surtout permet de fixer les idées et donc les bases de ce qui est connu et de ce qui doit être recherché. Engager une action, quelle qu'elle soit, nécessite toujours un bilan avant de démarrer.

Testez votre idée en vérifiant sa cohérence

Moyens mis en œuvre (équipe, mode de distribution, etc.) :

....

Résumé de la promesse de vente au client (3 lignes) :

....

Mes points forts et faibles :

....

À quel stade de la réflexion en est le projet ?

....

Origine de cette idée ?

....

Mes objectifs à horizon de 3 ans ?

....

Comment donner du corps à son hypothèse de départ

La description de cette hypothèse gagnera en clarté, rigueur et qualité d'information en répondant à toute une série de questions concernant l'environnement, le marché et le produit ou service. Avec en tête deux interrogations centrales :

- Cette idée répond-elle à un besoin pour une certaine catégorie de clients ?
- Les atouts nécessaires pour convaincre sont-ils détenus par le créateur ou l'équipe de création ?

Les questions suivantes aident à clarifier l'idée de départ. *Quel est l'objectif du projet ?* : offrir un produit nouveau ? rendre un service à une clientèle jusque-là non atteinte ? etc.

Quelles cibles privilégier ? : le grand public ? ; les entreprises (B to B) ? etc. *Quelle est la couverture géographique de mon projet ?* : locale ? régionale ? internationale ? *Quelles contraintes sont déterminantes ?* : hauteur du financement ? saisonnalité ? etc.

Quelles sont les caractéristiques du produit/service que je désire proposer ? : description et caractéristiques techniques ; fonctions principales et secondaires ; maquettes, prototype, schéma ; durée de vie, avantages concurrentiels, saisonnalité ; etc. *Quelles sont les attentes des consommateurs par rapport à ce produit que je veux lancer ?* : facilité d'utilisation ? délai ? prix ? fiabilité ? originalité ? etc.

Quelles sont les caractéristiques du marché ? : taille ? taux de croissance ? évolution prévue ? etc. *Quels sont les segments de marché identifiés/identifiables ?* : nombre ? différences ? facteurs-clés de succès et évolution ? etc. *Quelle est la force de l'offre actuelle ?* : nombre de concurrents directs et indirects ? taille ? chiffre d'affaires ? type de produits/services/prix pratiqués ? mode de commercialisation ? parts de marché ? plus offert ? etc.

À quel « plus » le projet peut-il répondre ? À quel stade d'avancement en est mon projet ? Quels sont les points positifs (atouts) de mon projet ? : nouveauté ? prix ? facilité d'utilisation ? etc. *Comment augmenter les atouts de mon projet ? Quels sont les points négatifs (faiblesses) de ce projet ?* créateur, équipe ? produit/service ? organisation ? environnement concurrentiel ? partenaires ? etc. *Comment diminuer les faiblesses de ce projet ?*

Quelle date ai-je envisagée pour le démarrage de mon activité ? Quels moyens ai-je envisagés pour démarrer ? : mise en avant du produit ou service ? tarification ? mode de distribution ? moyens de communication ? *Quelle image je souhaite avoir donnée au projet au bout de deux ans ? Quelles sont les perspectives de développement de mon projet trois ans après sa création ?* : clientèle potentielle ? notoriété ? rentabilité ? etc. *Quel est mon objectif en créant ce projet ?* : rentabilité ? notoriété ? emploi ? etc.

En résumé

Clarifier son hypothèse de départ en répondant aux questions « *offrir quoi, à qui, où, quand et comment ?* » est vital et permet de faire un premier point avant de se lancer dans une étude de marché proprement dite.

La partie « Mon projet » du logiciel Business Developer Marketing aide à réaliser un recensement de ce type.

Comment affiner l'hypothèse de départ

Après avoir tenté de répondre à ces questions, seul ou avec l'équipe de création, lorsqu'elle existe, par écrit, ce qui aura déjà nourri votre idée de départ, vous pouvez interroger des proches pour tester leurs réactions, tout en sachant que leurs remarques peuvent être biaisées par les liens qui vous unissent.

Enfin, et surtout, *validez votre idée de départ auprès d'experts* qui sont non seulement parties prenantes dans le secteur visé mais également concernés par votre projet de création qui aura peut-être des répercussions sur leur propre activité.

Les experts impliqués sont à cette étape les distributeurs, les intermédiaires, les fournisseurs, les concurrents, les clients potentiels, les journalistes professionnels et les scientifiques. Ils ont tous une histoire qu'il faut écouter et qui les autorise à prodiguer des conseils. Les *ficelles du métier* seront dévoilées par ces experts (taux de rotation clients minimum, moyen de paiement à privilégier, informations sur le passé comme sur les tendances futures). Ces rencontres informelles peuvent avoir lieu soit chez l'expert soit à l'occasion de salons. Ce dernier lieu, plus neutre, permet au créateur de poser à l'expert des questions qui doivent *a priori* être très neutres et simples. Le premier avantage est de ne pas inquiéter l'expert sur l'entrée d'un nouvel opérateur sur le marché. Le second avantage, non négligeable, est de ne pas dévoiler son projet pour lui garder sa confidentialité.

☞

Par souci de confidentialité, il n'est pas inutile parfois de protéger ses idées ou ses secrets de fabrication par *une enveloppe Soleau*. Il s'agit d'une enveloppe double qui préconstitue la preuve de la date de la création : les deux compartiments scellés contenant chacun un exemplaire sont enregistrés à l'INPI (Institut National de la Propriété Industrielle) qui remet une partie au déposant et conserve l'autre pendant 5 années. Elle coûte 15 €.

Valable en France, elle attribue à son détenteur un droit de possession antérieure qui lui permet d'exploiter ce qui est consigné dans l'enveloppe et qui reste secret.

Il ne s'agit pas d'un brevet qui lui, donne un monopole d'exploitation temporaire et géographique en échange de la publication de l'invention. L'enveloppe Soleau ne met pas l'inventeur à l'abri d'un dépôt de brevet similaire ultérieur par un tiers. Dans ce cas, les deux détenteurs auront le droit d'exploiter la même invention.

L'enveloppe Soleau peut aussi être utilisée pour faire reconnaître la date d'une invention sans vouloir déposer l'idée. En cas de conflit, la date fera preuve et le second inventeur ne pourra ni déposer ni bénéficier du droit exclusif d'exploitation. Se renseigner sur *www.inpi.fr*

Valider l'hypothèse de départ

À ce stade amont de l'étude, trois situations peuvent être envisagées, comme l'indique la figure 3.2.

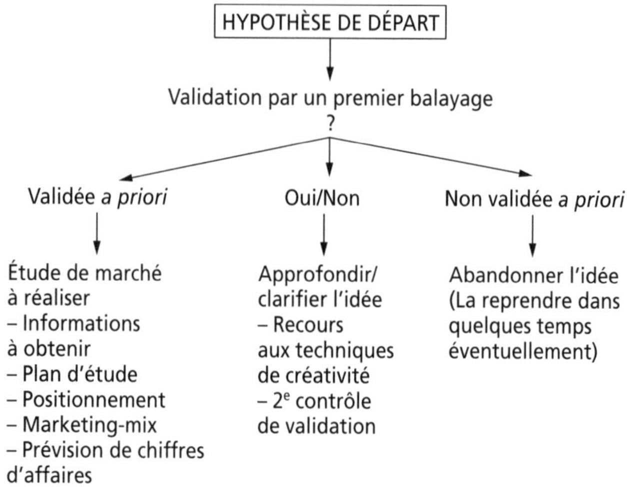

Figure 3.2 – Conséquences du travail de validation

Premier cas : l'idée est validée *a priori*

Les informations obtenues sur les grandes tendances, sur la concurrence, ainsi que les avis d'experts vont dans le même sens : *a priori* et à ce stade, l'idée semble intéressante. Une étude de marché sérieuse et approfondie apportera sans doute la confirmation de cette validation. Réaliser cette étude dans de bonnes conditions (chapitres 4, 5 et 6) passe par l'organisation d'un système d'information adapté aux besoins spécifiques de l'entreprise en création.

Deuxième cas : les avis sont négatifs, l'idée n'est pas considérée comme bonne

Les premières informations obtenues sur l'environnement, le marché et la concurrence ne sont pas favorables (la découverte d'un cas de création récent qui s'est terminé en échec, la confirmation d'un marché arrivé à maturité et très concurrentiel) ou les difficultés techniques ou réglementaires renforcent l'idée du rejet. Les experts ont également émis des avis négatifs.

Toutes ces raisons doivent pousser le créateur ou l'équipe de création à abandonner cette idée purement et simplement. Retravailler une idée rejetée de tous côtés aboutirait à une idée bancale qui ne satisferait personne et serait vouée tôt ou tard à l'échec.

Si le créateur ne veut pas abandonner son idée, la seule alternative est de laisser cette idée de côté pendant un certain temps (6 mois, 1 an, 2 ans ou plus) et de recommencer à chercher à la valider après ce délai. Les conditions environnementales seront peut-être plus favorables et l'idée de départ ne sera probablement plus tout à fait la même non plus.

Trouver une nouvelle idée est souvent plus efficace.

Troisième cas : des doutes subsistent

Il convient dans ce cas de retravailler l'idée, d'affiner certains points comme la valorisation des atouts, la recherche de partenaires ou la définition des fonctions du produit ou service.

Reprenez le questionnement de clarification de l'hypothèse de départ (page 54) pour approfondir l'idée et trouver en quoi réside sa valeur. Partir de l'expérience du créateur (et de son équipe) sans oublier de mettre à jour ses connaissances du secteur. Mais aussi imiter ce qui se fait ailleurs (la pratique du « sourcing » venue des États-Unis était inconnue dans les années 1995 en France par exemple), ou encore innover technologiquement ou commercialement en s'interrogeant sur le bénéfice client d'une telle innovation.

En revanche, le simple transfert de technologie, par l'achat de brevets ou non, n'est pas automatiquement un gage de réussite.

Pour clarifier et préciser l'hypothèse de départ qui se situe dans ce qu'on appelle la « zone grise », par opposition à la « zone blanche » de validation et à la « zone noire » de rejet, les méthodes de créativité peuvent être utiles. Les avantages de ces méthodes sont :

– la richesse des idées recueillies,
– le coût finalement faible par rapport à la qualité des informations obtenues,
– le délai de réalisation.

En revanche, les inconvénients tiennent à leur organisation :
– elles requièrent un animateur qualifié,
– la composition du groupe de créativité est délicate (l'équipe de création ou la famille).

Les méthodes de créativité

Elles consistent à chercher des solutions à un problème en utilisant des techniques basées sur l'exploration d'idées et non sur le raisonnement rationnel. La créativité est stimulée par des exercices réalisés en groupe. Elle est utilisée par exemple dans les cas suivants :

- recherche de nouvelles utilisations ou élargissement de l'utilisation habituelle d'un produit ou d'un service ;
- tests de goût, d'utilisation,

  mais aussi :
- création de nom, de logo ou de marque,
- recherche de nouveaux modes de distribution ou de communication.

Petit exercice de créativité

Comment relier les 9 points par 4 lignes droites, en ne passant qu'une seule fois par un point et sans relever le crayon ?

o o o

o o o

o o o

Réponse en fin de volume

Ici sont présentées quelques techniques de créativité utiles pour le créateur, sans pour autant être exhaustif.

Les techniques de créativité

La créativité peut utiliser des méthodes analytiques où la réflexion porte sur un produit ou un service ou des méthodes associatives où la réflexion est plus amont sur le concept. Ici aussi, l'utilisation de l'une ou de plusieurs de ces méthodes relève du choix et de la responsabilité du créateur. Il n'y a pas, *a priori*, de meilleures méthodes, même si certaines sont plus appropriées à certains thèmes. Le principe demeure le même :

- réunion d'un groupe de personnes (entre 6 et 12 généralement),
- discussion pour faire émerger la plus grande quantité possible d'idées,
- filtre de ces idées,
- reformulation finale des principales idées fournies par le groupe.

Le bon fonctionnement d'un groupe est lié à la personnalité de l'animateur qui doit animer les débats, veiller à ce que tous les participants puissent s'exprimer, reformuler les idées et faciliter les enchaînements et les déclinaisons d'idées.

Le créateur peut utiliser la check-list, la carte mentale, les matrices de découverte ou le bainstorming.

La check-list d'Osborn

Elle est utilisée notamment pour la recherche de nouveaux produits et services, ou l'utilisation nouvelle de produits et services existants. À partir d'une liste d'attributs, *l'objectif est d'envisager les modifications et les combinaisons qui amélioreront le produit ou le service.* Les questions de départ peuvent être : *Peut-on l'utiliser à d'autres usages ? Peut-on l'adapter ? Peut-on le modifier ? Peut-on l'amplifier ? Peut-on le minimiser ? Peut-on le remplacer ? Peut-on reclasser ses éléments ? Peut-on le combiner ? Et si c'était plus grand ? Et si c'était plus petit ? Comment peut-on le disposer autrement ?* Etc.

Le coût d'une telle étude varie entre 3 et 8 k€ pour un groupe de personnes si elle est réalisée par une entreprise spécialisée.

Les matrices de découverte

Il s'agit d'associations forcées dans la mesure où l'interaction des éléments deux par deux est recherchée, voire forcée. L'utilisation d'un tableau de classement à deux dimensions (les facteurs influençants et les facteurs influencés) permet des associations de facteurs apparemment indépendants. L'exemple de la création d'éléments de cuisine dus à Moles en 1970 est devenu célèbre et a permis la création des « deux en un » (lave-vaisselle et cuisinière par exemple) ou des « trois en un » (lave-vaisselle, four et cuisinière). La première question est : *Peut-on imaginer utiliser une cuisinière à un autre usage ?* et ainsi de suite et cela donne le tableau 3.1.

Tableau 3.1 – Peut-on imaginer un autre usage à ce produit ?

	Cuisinière	*Réfrigérateur*	*Évier*	*Table*
Cuisinière	X	?	Non	Non
Réfrigérateur	Impossible	X	Non	?
Évier	Impossible	Non	X	Non
Table	Impossible	?	Non	X

La discussion s'engage ensuite sur les possibilités éventuelles (les points d'interrogation du tableau 3.1), sur les non ainsi que sur l'existant (les « X » du même tableau) pour envisager des améliorations.

La carte mentale

Il s'agit d'une technique qui permet de réfléchir au projet dans des directions nouvelles, de l'appréhender sous divers angles.

Au centre d'une grande feuille, décrire en quelques mots le projet puis relier ces mots à d'autres, et ainsi de suite.

☞

Utilisez plusieurs couleurs pour donner du relief au processus créatif.

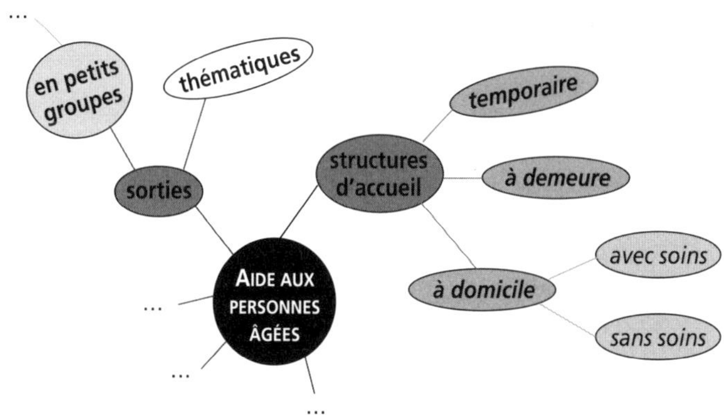

Le brainstorming

Il a pour objectif de susciter le maximum d'idées nouvelles et enchaînées se rapportant à un problème, un concept, un produit ou un service, un nom ou une marque, et rechercher les combinaisons entre les idées déjà émises. La réunion peut durer de 1 à 3 heures en fonction du sujet abordé et elle se déroule selon un rituel recherché, en deux temps.

Premier temps, c'est celui du « délire » d'idées : information sur les modalités de réalisation de la séance ; incubation ; illumination ; vérification ; formulation d'idées.

Deuxième temps, c'est celui de la reformulation additive : évaluation ; discussion ; tri ; hiérarchisation des idées.

L'animateur présente la séance et rappelle l'objet de la réunion sans dévoiler les interrogations précises afin d'éviter tout biais. Il rappelle les modalités de réalisation de la séance, ses principes de fonctionnement à respecter pour atteindre un bon résultat, parmi lesquels : toute critique est interdite ainsi que tout commentaire négatif ; l'extravagance et l'exubérance sont recommandées ; aucune censure ou autocensure ne doit être appliquée ; la quantité d'idées produites est primordiale ; les participants doivent systématiquement rechercher des améliorations et des combinaisons pour initier de nouvelles idées.

Un enregistrement est réalisé et l'animateur prend en note les mots-clés qui lui permettront ensuite de relancer et de reformuler les avis. L'enregistrement sera décrypté et fera l'objet d'un rapport de synthèse.

Certaines entreprises souhaitent filmer les participants, lors de tests de goût ou d'utilisation de nouveaux produits ou avec des groupes ciblés (enfants, etc.). Si le projet de création en retire un supplément d'information, cela peut être intéressant. Dans tous les autres cas, un simple enregistrement sonore suffit et le coût sera plus faible.

La composition du groupe entraînera la qualité de la séance. Comment composer le groupe, par exemple, dans le cas d'une étude sur l'intérêt des jeunes de 10/12 ans et de leurs parents pour un nouveau magazine qui leur est destiné : un groupe de 5 jeunes et 5 parents ? ; deux groupes : un de 8/10 parents et le second de 8/10 jeunes ? Dans le premier cas, l'interaction des avis sera recherchée. Dans le second les avis distincts seront plus nombreux et il faudra faire des comparaisons « à froid ». La première version est plus compliquée à gérer mais la seconde est plus coûteuse. Penser également, à répartir dans chacun des groupes, les hommes et femmes, selon les âges et les CSP.

Deuxième point essentiel : *la capacité de l'animateur à mettre le groupe en confiance et à donner la parole à tous est primordiale.*

Le créateur peut évidemment jouer le rôle de l'animateur mais il est recommandé de faire appel à un spécialiste qui maîtrise son métier. De plus l'animateur doit avoir une attitude de « neutralité bienveillante » qui lui interdit de prendre position, de donner son avis et de juger. Cela peut être une position difficile à tenir pour un porteur de projet.

Savoir rester vigilant, les dés ne sont pas jetés une fois pour toutes

L'objectif, au-delà de la volonté de mettre en évidence la nécessité dans laquelle toute entreprise se trouve aujourd'hui d'être vigilante par rapport à son environnement est de montrer en quoi un système d'information peut aider un créateur dans la construction de son projet. D'autre part, il s'agit de mettre en garde le créateur sur le fait que la pérennité de sa jeune entreprise repose sur un système d'information *ad hoc*, c'est-à-dire organisé en fonction de ses besoins.

À ce niveau, on peut regarder du côté des grandes entreprises japonaises pour s'inspirer de leurs pratiques en matière de veille, qui consistent à recueillir beaucoup d'informations, veiller à ce que l'information soit partagée par tous dans l'entreprise et innover en permanence grâce à ces informations récoltées.

Ce qu'on a appelé le « miracle japonais » a eu pour origine essentielle la capacité permanente qu'ont eu ces grandes entreprises à organiser et partager en interne les connaissances acquises. Mais la préoccupation de surveiller son environnement est assez ancienne et on en retrouve trace dans les entreprises aux alentours de la Révolution[1].

☞

> Philippe-Frédéric de Dietrich se tient informé de tout et multiplie les voyages d'étude dans toute l'Europe quand il est au service des forges familiales. Il recueille le maximum d'informations, notamment sur les améliorations techniques, pour constituer ce qu'on appelle aujourd'hui une banque de données. Sa démarche est intéressante dans la mesure où il amasse l'information avec l'idée qu'un jour elle pourra lui être utile.

1. Bertrand Badre, Philippe Colombet, *Entreprises en Révolution*, Ed. JC-Lattès, 1990.

Oberkampf, dans un secteur différent, est toujours également à l'écoute des choses et des événements. Il cultive un sens supplémentaire, celui des relations et des réseaux. Ayant compris très tôt, avant même le début de la révolution, que le monde bouge, que les acteurs évoluent et qu'en conséquence les influences se déplacent, il se crée un très intéressant réseau de relations.

De Dietrich semble un exemple d'entreprise ayant créé un système de veille technologique efficace alors qu'Oberkampf se rapproche de l'organisation d'une veille globale. En effet, il se tient informé des actions des concurrents français et étrangers pour procéder à des ajustements techniques. Dès 1788, c'est-à-dire deux années après l'unification effective du marché national, il envoie son neveu, en espion, voir ce qui se fait en Alsace où règne une concurrence par le bas de gamme. De même, il a constamment cultivé la quête de renseignements sur les évolutions économiques et politiques qui lui ont permis d'anticiper et d'éviter les pièges de la situation révolutionnaire.

En somme le message est simple : l'information est essentielle et ce, quel que soit le stade de la vie de l'entreprise. Pour que l'information soit la plus compétitive possible, organiser son développement dans un cadre flexible est impératif.

Qu'est-ce qu'un système d'information ?

Innover est un impératif face à la concurrence et à l'évolution des aspirations des clients. Réduire les délais de réponse s'impose, la maîtrise du temps devient la bataille de toutes les entreprises. Dans ces conditions, mettre en place un système d'information consiste à être en permanence à l'écoute, c'est-à-dire capable de détecter au plus tôt les caractéristiques les plus significatives de l'environnement.

Le système d'intelligence marketing est « l'ensemble des moyens qui permettent aux dirigeants de se tenir continuellement informés sur l'évolution de leur environnement », Kotler, 1989.
« S'informer, c'est passer d'une logique de réactivité à une logique d'anticipation », Jean-Louis Levet, chef du service du développement technologique et industriel du Commissariat Général du Plan.

Se renseigner, être à l'écoute implique une démarche volontariste de veille ou d'intelligence économique.

Le terme aujourd'hui le plus couramment utilisé est celui d'« intelligence économique » qui a le mérite d'élargir le problème de la surveillance et de mettre en avant l'utilisation de cette information récupérée. L'*intelligence économique* (IE), c'est l'acquisition d'informations et leur protection considérées comme un besoin permanent et stratégique pour devenir et rester une entreprise compétitive.

> « L'intelligence économique est une démarche fondée sur la recherche, le traitement, l'interprétation et la diffusion de l'information utile aux acteurs concernés. Elle peut être caractérisée par quatre grandes fonctions qui s'enchaînent : la maîtrise du patrimoine scientifique et technique et des savoir-faire, l'identification des opportunités mais aussi des risques accrus par la mondialisation, la coordination des secteurs et des activités, la mise en œuvre de pratiques d'influence », Jean-Louis Levet, chef du service du développement technologique et industriel du Commissariat Général du Plan.

La finalité de la veille, comme le rappelait Auguste Comte est de « savoir pour prévoir afin de pouvoir » et peut s'illustrer par l'articulation suivante :

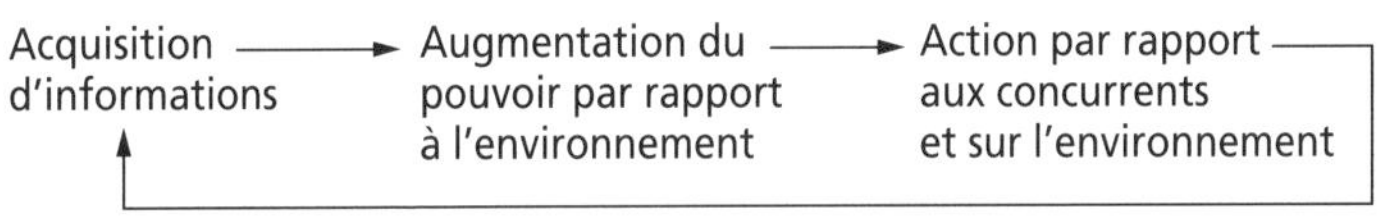

Cela renvoie à l'image de la vigie qui, en haut du mât de son bateau, surveille la mer et les éventuels attaquants et en informe aussitôt le capitaine.

Le principe du panoptisme, « voir sans être vu » est toujours de mise et peut se traduire par voir le premier, acquérir des informations sans, en contrepartie, en donner ou en donner trop.

Le terme anglais d'*intelligence system* ou l'art de l'observation et de la traque d'informations a pour origine les *Intelligence Services* britanniques. Aux États-Unis, de manière plus opératoire, on parle de *« competitive intelligence tracking »*.

> « La France connaît un problème stratégique : alors qu'elle est le troisième producteur mondial d'information scientifique,

technique et économique, elle n'est que le sixième utilisateur, et ceci malgré tous les efforts de l'État pour apporter des réponses variées (INPI, Oséo-Anvar, les Centres Techniques, les ARIST, etc.) », source : Adit (Agence de Développement de l'Information Technologique).

L'IE peut aussi se définir comme la recherche systématique d'information qu'il convient de vérifier, de sélectionner, de traiter avant de la faire circuler entre les porteurs du projet de création dans le but d'approvisionner leur prise de décision. Qui dit IE dit être à l'écoute des clients, donc ouvert sur l'extérieur, ce qui correspond tout à fait à la situation dans laquelle doit se trouver un créateur.

« La phase de démarrage (d'une entreprise) comprend d'autant plus de problèmes cruciaux que l'activité de veille est faible », Sylvie Sammut, *Jeune entreprise, la phase cruciale du démarrage*, l'Harmattan, 1998.

Dans l'univers concurrentiel dans lequel se situe un projet de création, les décisions du porteur doivent être éclairées pour prévoir l'évolution des marchés, comprendre les besoins des clients potentiels, identifier les innovations et observer les comportements des autres entreprises.

Les informations utiles éclaireront le créateur dans ses projets immédiats mais également pour ses projets futurs et l'aideront à assurer la pérennité et le développement de sa jeune entreprise.

L'Union européenne a mis en place un programme d'aide à l'utilisation de l'intelligence économique dans les PME et les TPE (très petites entreprises). « Casimir », ou Centre d'Appui et de Stimulation des Industries par les Moyens de l'Innovation et de la Recherche, axe son action sur les besoins des entreprises en matière de modernisation et d'innovation. Cette association fédère six régions d'Europe : Auvergne, Lorraine, Poitou-Charentes, la province de Madrid, Thessalie et l'île de Wight (w.casimir.org).

Les agences régionales d'information stratégique et technologique (anciennement BRIST) réalisent des travaux de protection de l'innovation et d'information stratégique. *w.arist.ccip.fr*

La veille globale comprend les différentes veilles suivantes : technologique, concurrentielle, commerciale, juridique et sociale.

Les différents types de veilles

À partir des travaux de Michael Porter sur les forces concurrentielles[1], on peut décliner les différents types de veille comme le montre la figure 3.3.

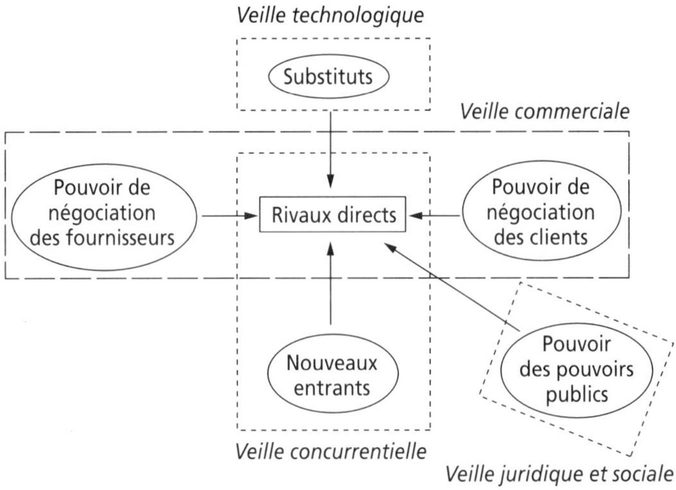

Figure 3.3 – Veille globale ou intelligence économique

La **veille technologique** : C'est l'exploitation systématique et rigoureuse des informations industrielles sur les produits, les procédés, les applications et les grandes tendances technologiques.

La veille technologique s'impose pour les projets technologiques ou les projets où la technologie peut devenir importante (internet, RFID, etc.). Du fait de la complexité croissante de l'environnement, il n'existe pas *a priori* de signal sans signification. Plus tôt le créateur détecte un moindre signal et plus sa marge de manœuvre s'élargira pour réagir. La limite à cette démonstration vient de la quantité de signaux. Plus ils sont nombreux et plus ils réduisent la marge de manœuvre du décideur, ce qui va à l'encontre de leur raison d'être.

1. M. Porter, *Choix stratégiques et concurrence*, Economica, 1986.

La nécessité d'innover pour maintenir sa position est également une raison qui pousse les entreprises le plus souvent à organiser une veille technologique et ce, dès sa création. La grande rapidité des changements technologiques, le raccourcissement de la durée de vie des produits, la transdisciplinarité des technologies et la concurrence mondialisée en sont d'autres.

La **veille concurrentielle** *:* Elle consiste à identifier les concurrents actuels et les nouveaux entrants potentiels, rechercher leurs avantages et inconvénients et anticiper leurs stratégies futures.

> Sur le signe Lafuma, vous pouvez trouver le rapport annuel de l'entreprise. Celui-ci donne à la fois des indications précises sur le secteur et les différentes activités ainsi que des informations sur leurs concurrents. Une telle information est rapide à obtenir et précieuse.
> Par ailleurs sur www.siret-societe.fr, on peut consulter des fiches sur 4 millions d'entreprises (10 € environ la fiche).

La **veille commerciale** *:* C'est l'exploitation des informations en provenance des fournisseurs et des clients les plus importants et le repérage des signaux du marché occupé par les rivaux directs.

La **veille juridique et sociale** *:* C'est la surveillance de toutes les obligations et évolutions émanant des pouvoirs publics français et européens, voire mondiaux.

La **veille stratégique globale** *:* C'est la synthèse et la mise en relation de toutes ces informations partielles.

À quoi sert un système d'information ?

« L'économie de l'information est une économie de troc...Les informations qui s'achètent sont de plus en plus nombreuses mais elles sont souvent trop généralistes et inutilisables en l'état...Les informations qui permettent de faire la différence font le plus souvent l'objet d'un échange. Nous nous trouvons dans une économie de troc où l'on sait après coup la valeur de ce que l'on a échangé », François Cantegreil, *Vigilance et Stratégie*, Ed. Comptables Malesherbes, 1991.

L'idée centrale repose sur la nécessité d'être curieux et de rechercher toute information, même infime *a priori*, qui pourra se révéler importante par la suite. Surtout *ne pas s'enfermer* dans la certitude que son idée, l'hypothèse de départ, est bonne, sûre et mûre et qu'il ne reste plus qu'à la chiffrer dans un Business Plan grâce à un logiciel spécialisé ou un tableur.

Au contraire, tout porteur d'idée ou de projet doit élargir sa connaissance du milieu et confronter son idée au plus grand nombre de personnes possible pour renforcer sa certitude. D'où la nécessité de construire, en fonction de ses réels besoins, un système d'information spécifique.

Exemple

Innovation 128 a aidé l'entreprise Lafuma à innover, à partir d'un système de recherche d'informations qui avait pour objectif de « respirer l'air du temps » via « l'Observatoire de l'air du temps ». On connaît depuis une dizaine d'années les progrès de l'entreprise.

Pour réussir, un créateur a l'obligation d'avoir une réelle « obsession de l'information » pour échapper à l'enfermement dans son projet et dans la certitude que son projet aura *a priori* toutes les chances de réussir. On vit dans une société d'informations et l'Internet renforce cette situation.

Le créateur ne doit pas pour autant se laisser engloutir par trop d'informations dont un faible nombre seulement pourra être considéré comme information utile, d'où la nécessité de traitement systématique des informations récoltées pour en détecter la pertinence.

L'information est abondante, mais plus il y a d'informations (au pluriel) moins il y a d'information réelle ou utile (au singulier) par suite de saturation. La difficulté vient de la bonne qualité du recueil et du traitement de tous ces flots d'information.

> « Les sources d'information sont nombreuses et parfois mal identifiées. De plus, elles sont noyées dans un contexte bruyant et très encombré », Humbert Lesca, *Système d'information pour le management stratégique de l'entreprise*, MacGraw Hill, 1986.

Il convient également, en plus des informations d'ordre général, de déceler les grandes tendances et *d'enrichir son idée par des contacts et des informations plus précises.* Il s'agit ici d'entrer en contact avec des clients potentiels, des fournisseurs d'entreprises concurrentes. Ces experts possèdent de nombreuses informations non écrites mais tout à fait essentielles pour le bon exercice du métier. Il convient d'organiser le recueil de ces informations, de les trier pour confirmer ou infirmer ses propres connaissances et son idée de départ. La difficulté réside dans l'équilibre à trouver entre d'un côté être crédible, montrer que l'on connaît le secteur et le métier, que l'on a une certaine expérience et, de l'autre, conserver un certain flou et secret sur le projet que l'on souhaite mener à son terme. Cette prudence est absolument requise pour garder confidentielle son idée, même si cet équilibre sera de plus en plus difficile à maintenir au fur et à mesure que le projet se concrétisera.

La loi du secret

Une entreprise française de grande importance a établi une règle absolue pour ses salariés quand ils se déplacent à plusieurs dans des transports collectifs (trains, avions, etc.) : ne jamais parler ni de l'entreprise ni de leur business et ne jamais ouvrir un quelconque document. De plus, leurs bagages professionnels sont fermés à clef. Cette mesure draconienne a été prise après la perte de plusieurs contrats importants.

Trouver cet équilibre requiert, de la part du créateur, une préparation de toutes ses rencontres avec les experts, comme le montre la fiche de préparation jointe.

Mais également, afin de compiler et de trier les informations obtenues, il est intéressant de rédiger une petite fiche de recueil d'informations après chaque rencontre avec un expert, sur le principe de la fiche de synthèse jointe.

Rencontre avec un expert : fiche de préparation

Monsieur – Madame ....
Entreprise ....
Spécialité ....
Mail ....

1° contact téléphonique le : ....
Relance téléphonique n° 1 ....
Relance n° 2 ....
Rendez-vous pris le ....
Rencontre via M./Mme..................
Lieu de la rencontre ....

Informations recherchées.............
Confirmations attendues ....
Informations à donner à l'interlocuteur ....

Rencontre avec un expert : fiche de synthèse

Monsieur, Madame ....
Le ....

Entreprise : ....
Service ....
Coordonnées ....
Spécialité ....
Lieu de la rencontre ....

Information nouvelle apprise ....
Confirmation reçue ....
Doute sur ....
Avis négatif sur ....
Autres informations récoltées............

Gagner du temps et éviter de commettre les erreurs déjà commises par d'autres sont les deux autres objectifs importants de la mise en place d'un système d'information.

Exemple

Votre idée de créer une entreprise de livraison à domicile de produits spécialisés en milieu rural semble *a priori* intéressante. Aucun concurrent ne semble exister sur votre zone de chalandise. C'est encore mieux !

Mais, apprendre, avant d'aller plus loin et de se lancer, qu'un an auparavant, un autre créateur a eu la même idée et a réussi à tenir seulement cinq mois est une information tout à fait essentielle qui demande analyse avant de continuer.

À vous de vous poser les questions suivantes :

Avait-il étudié les attentes de la clientèle et chiffré cette clientèle ?

Avait-il mis tous les moyens en œuvre pour que son entreprise réussisse ? Avait-il les compétences nécessaires ?

Avec combien de capital est-il parti ? Comment les banques l'ont-elles aidé et suivi ?

Comment ont réagi les concurrents et les commerçants de la ville la plus proche ?

Quels sont les avis de ses anciens clients sur ses prestations ?

Avait-il des partenaires, et lesquels ?

Toutes ces questions ont pour objet de trouver les sources de défaillance de cet ex-concurrent.

Si la défaillance vient de lui, vous pouvez continuer à étudier votre idée, en évitant soigneusement ses erreurs.

Si la défaillance vient de l'absence de clientèle (quelle que soit son origine : service trop innovant, pas assez grand nombre de clients, niveau de revenu trop faible de ces clients, etc.), alors commencez par vérifier si les données ont changé. Si la situation est identique, arrêtez de penser à cette idée et recherchez-en une nouvelle.

Le gain de temps concerne aussi l'acquisition de connaissances sur des projets similaires ; connaissances qui augmentent la visibilité et permettent au créateur de faire des choix plus rapides et moins risqués.

Tout signe a son importance

Un des objectifs d'un système de surveillance vise à repérer les « signaux faibles », c'est-à-dire *des informations qui, insignifiantes a priori, peuvent s'avérer cruciales* pour un projet quand on les agrège avec des informations déjà possédées.

Faire émerger les signaux faibles doit devenir une obsession pour tout créateur.

Ils l'amèneront à découvrir de nouvelles règles du jeu sectorielles, à confirmer les incertitudes du milieu ou à dévoiler de gros enjeux. D'autant que les signaux faibles renvoient à des événements en émergence, au caractère flou et incertain mais le plus souvent cruciaux.

La capacité de curiosité et d'étonnement doit prévaloir. La *« serendipity »* n'a pas de traduction directe en français mais signifie *capacité de trouver quelque chose en cherchant autre chose, par hasard.*

La découverte par analogie est également une bonne source d'idées et d'informations. Rechercher des nouveautés partout pour les transposer dans d'autres circonstances permet de faire des « rapports d'étonnement ».

Donner autant d'importance aux informations qualitatives qu'aux informations quantitatives est une nécessité. L'habitude de toujours tout vouloir chiffrer est une bonne chose dans la mesure où le Business Plan traduira tout le projet en termes financiers et donc chiffrés. Cela étant, avant d'aboutir à cette partie financière finale, toutes les informations, quelle que soit leur forme, sont importantes. Les porteurs de projet ont souvent tendance à trop privilégier les informations chiffrées.

Les informations qualitatives (un avis de client potentiel, un sentiment de fournisseur, une suggestion d'expert, etc.) sont souvent celles qui font le plus avancer un projet et donc il convient de les dénicher avec obstination même si elles présentent la difficulté d'être plus complexes à traduire et à présenter que des données chiffrées.

En résumé

> En résumé, on peut dire qu'un système d'information doit aider à concrétiser le projet de création, à préciser les idées et à anticiper.

Comment bâtir son système d'information en période de création

Un système d'information simple et efficace en période de création correspond au principe de l'entonnoir, c'est-à-dire partir du plus général pour aboutir au particulier. Il suit les étapes suivantes :

Accumulation d'informations générales
▼
Tri pour faire émerger les grandes tendances
▼
Recherche d'informations plus proches du projet
▼
Traitement pour faire émerger les signaux faibles
▼
Recherche d'informations sur le futur
▼
Mise en relation de toutes ces informations pour dégager des indications exploitables
▼
Synthèse

Il n'est pas question en effet de construire un système trop complexe par rapport aux besoins du projet, pas « d'usine à gaz ». On ne se situe pas dans le cadre des systèmes d'informations marketing (SIM) des grandes entreprises ni d'organisation de système de veille très sophistiqué des entreprises technologiques.

En même temps, le système doit être flexible et s'adapter à l'évolution et à la croissance de l'entreprise. Il doit accompagner l'entreprise après la phase de création en fonction de l'envergure du projet (entreprise de commerce localisée ou entreprise de haute technologie à vocation internationale par exemple). Un système d'information doit répondre à trois principes :

- 1. l'*efficacité* : penser à l'utilisation des informations pour s'efforcer de ne produire que des informations utiles ;
- 2. *l'économie* : valoriser l'information possédée en la complétant par de nouvelles, elles aussi vérifiées ;
- 3. la *rapidité* : obtenir des informations en un minimum de temps garantit sa fraîcheur, or l'information est une denrée périssable qui se consomme fraîche sinon elle devient obsolète.

Pour que l'information capturée devienne une information utile, il est nécessaire de la faire vivre. Faire vivre une information consiste à la confronter aux informations déjà connues pour la relativiser, la contrôler et lui donner une signification en relation avec le projet. Pour être efficace, il conviendra en permanence d'adapter le système d'informations en lui évitant d'être trop restrictif ou trop large.

L'objectif d'une telle pratique n'est pas de compiler des informations pour réaliser une étude généraliste « neutre » mais bien de faire avancer le projet de création, de rendre ces informations « intelligentes », c'est-à-dire utiles au projet. Dans ces conditions, au-delà de la collecte qui demande de la rigueur, l'effort doit être largement porté sur le tri, quasiment en temps réel, des informations collectées.

☞

> Classer une information dans un dossier ad hoc sans l'exploiter est une perte de temps double. Premièrement sa signification manquera à un moment précis de l'étude (exemple, lors d'un entretien avec un concurrent majeur). Ensuite, au moment d'exploiter ce dossier, l'information sera obsolète, donc sans intérêt et pas qualifiable d'information utile.
> Exploiter chaque information au fur et à mesure de sa collecte se révèle d'une grande qualité et permet de gagner du temps.

Toutes les informations ne peuvent devenir utiles, aussi il convient d'*étalonner leur valeur* de très importante à sans doute inutile en passant par intéressante et utile à l'occasion.

On peut aussi utiliser la méthode d'évaluation de la qualité des sources d'information selon les quatre niveaux inspirés de la cotation militaire, à savoir :

- Source digne de foi (les tests en laboratoire, etc.).
- Source digne de foi mais risques d'erreur et de subjectivité (la presse, etc.).
- Source peu sûre (information venant d'un futur concurrent, etc.).
- Source suspecte et subjective (exemple, une rumeur, etc.).

Le traitement de l'information nécessite un certain apprentissage. Il est normal d'être moins performant au début de l'étude qu'ensuite. Cet apprentissage progressif prend tout son sens dans la mise en relation des nouvelles informations avec les connaissances acquises antérieurement. Il est possible de réduire ce temps d'apprentissage par une pratique quotidienne de bilan d'informations.

Chaque jour, après récolte d'informations par toutes méthodes, il est salutaire de faire le point sur quelques éléments comme ceux présentés à titre d'exemples dans la fiche jointe.

Fiche : Bilan d'informations quotidien

Quelles sont les informations majeures de la journée ?
Sont-elles conformes à celles déjà possédées ?
Sont-elles en opposition avec les informations déjà possédées ? et donc demanderont vérification ?
Quelles sont les sources d'information majeures utilisées ?
Sont-elles classiques ?
Quelles sources mériteraient-elles d'être exploitées ?
Sont-elles nouvelles ?
Sur quelle partie de l'étude a-t-on le plus avancé ?
Sur quelle partie, manque-t-il encore des informations ?
Quelles actions prioritaires mener à ce stade ?
Etc.

Les méthodes d'investigation sont multiples et sont fonction du projet, de sa complexité, du degré de connaissance du secteur par le porteur et son expérience. Une ou plusieurs méthodes seront préférables, mais dans tous les cas, une qualité prévaut : la curiosité. Aussi, en fonction de ses compétences personnelles et de ses préférences (enquête minutieuse, visite terrain...), est-il indispensable d'élargir ses méthodes d'investigation pour devenir une sorte de « Columbo de l'étude de marché ». Columbo représente ici une synthèse de plusieurs enquêteurs ayant chacun ses méthodes privilégiées, si on considère qu'une analogie avec les méthodes d'enquête policière est possible. La figure 3.4 met en évidence l'obligation, pour être efficace, de s'efforcer d'utiliser toutes ces méthodes et de posséder toutes les qualités de quelques enquêteurs bien connus.

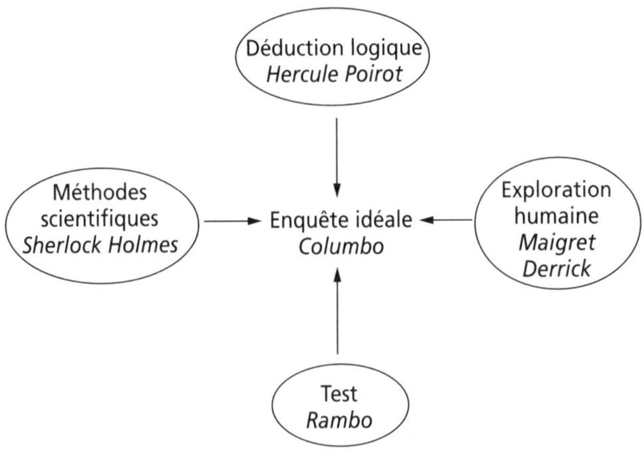

Figure 3.4 – Différentes approches de l'enquête/étude de marché, adaptée de J. Moscarola,* Enquêtes et analyse de données, *Vuibert, 1990, p. 18 et suiv.

Hercule Poirot procède par déduction logique en triant l'information disponible. Le coût de l'enquête est réduit car il valorise l'information disponible.

Sherlock Holmes utilise des méthodes scientifiques pour extraire une information utile d'une quantité impressionnante d'informations insignifiantes. L'aspect scientifique de l'enquête amène des preuves.

Maigret est curieux, il explore et va à la rencontre des gens. Cette méthode permet d'obtenir des informations qui auraient échappé aux raisonnements logiques ou scientifiques. Derrick appartient lui aussi à cette catégorie.

Rambo est un homme d'action. Il provoque une réaction en agissant et vérifie ensuite. Cette méthode s'avère intéressante en fin d'étude pour vérifier une information particulière ou bien en cas de produits ou services très innovants et de projets push. Columbo serait, à partir de ces quatre enquêteurs types, le « détective idéal » combinant habilement toutes ces méthodes en fonction des circonstances.

Le créateur transformé en enquêteur doit également mêler plusieurs techniques d'investigation : enquêtes, sondages, etc. en mettant en œuvre à la fois déduction logique, exploration, tests et action. Les chapitres 4 et 5 illustreront ces propos.

Organiser son système d'information entraîne le créateur à faire vivre l'information tout au long de l'étude. Or elle se périme rapidement.

Rechercher en permanence à confirmer ses données est une nécessité, même si l'étape de l'étude de marché concernée est dépassée. Le système d'information doit être considéré comme un film et non comme une simple photographie.

> Vous validez auprès de vos futurs clients votre produit. Votre étude est bien avancée mais vous apprenez que votre futur concurrent principal vient de lancer une campagne de communication annonçant une baisse de prix de 10 %. Cette information doit aussitôt être intégrée dans votre projet, même si elle le perturbe et vous oblige à revenir en arrière dans l'étude de marché.

Organiser la recherche d'informations

Une des premières questions qui se pose quant au système d'information à construire est la suivante : *Doit-on rechercher de l'information de manière large ou étroite ?* Un créateur dans le domaine des polymères d'un certain type doit-il se contenter de rechercher tous les brevets concernant les polymères de ce type depuis trois ans dans un certain nombre de pays reconnus avancés dans ce domaine ? Ou doit-il élargir ses recherches à tous les matériaux innovants capables *a priori* d'apporter des avantages et des solutions similaires ?

Il n'y a pas une seule réponse, tout dépend du projet. Reste à trouver un compromis entre vouloir tout savoir (ce qui est finalement impossible et prend un temps considérable) et ne se concentrer que sur certains points, mais lesquels ? Avant de choisir sa méthode, le créateur devra s'interroger principalement sur :

- ses compétences dans le métier,
- son niveau de connaissance du secteur d'activité,
- le type de secteur (évolutif ou stable),
- l'intensité concurrentielle du secteur,
- la présence d'innovations technologiques,
- la quantité d'offres similaires,
- l'ancienneté de ses informations,
- leur fiabilité,
- le degré de précision et d'avancement de son projet.

Plus le projet est innovant, complexe ou risqué et plus les efforts requis pour rassembler des données crédibles et fiables seront importants. Aboutir à des informations épurées, sélectionnées, contrôlées est l'objectif à atteindre pour justement réduire cette incertitude. Plus la recherche est large et plus le tri sera laborieux pour éviter que l'accumulation de stocks d'informations non traitées handicape le décideur et complexifie son panorama au lieu de l'éclairer. À l'inverse plus elle sera étroite et moins les signaux seront détectables.

Sa mise en œuvre doit dépasser la difficulté de l'abondance. Or l'information, dans les sociétés développées, est abondante et gratuite (ou quasi gratuite) dans 90 % des cas selon les experts. Ainsi l'information « blanche » est disponible pour tous, l'information « grise » est un peu plus difficile à obtenir par son caractère informel mais plus intéressante et l'information « noire » est inaccessible. Dans le cas d'une création d'entreprise, les deux premiers types d'information seront utilisés. Cette abondance *a priori* satisfaisante entraîne deux difficultés que sont le suivi des nouveautés et la réalisation d'un « tri intelligent » des informations collectées. Des constantes existent en termes d'avantages et d'inconvénients, comme résumés dans le tableau 3.2.

Tableau 3.2 – Avantages et inconvénients des recherches large et étroite

	Avantages	*Inconvénients*
Recherche large	Ne laisse rien dans l'ombre Permet d'identifier tous les « signaux faibles » Permet de trouver de nouvelles idées ou applications	Consommatrice de temps Risque d'éparpillement Traitement plus difficile de l'information récoltée
Recherche étroite	Rapide Recherche plus centrée Traitement plus aisé de l'information récoltée	Risque de laisser échapper une information cruciale mais *a priori* non identifiée dans le champ

Tenter de concilier les deux approches « panoramique » et « sélective » peut se faire dans le temps, commencer « étroit » et élargir au fur et à mesure par exemple ou commencer « large » et resserrer l'étendue de l'étude.

Les entreprises exercent leur activité dans un environnement surinformé qui a des effets négatifs, comme par exemple le manque d'information pertinente disponible pour le décideur au moment où il souhaite en disposer et notamment en période de création. On a déjà évoqué le terme « d'information utile », le créateur est un décideur qui attend des informations utiles et non une quantité impressionnante de données brutes. La solution « recherche étroite puis large » ne semble pas *a priori* pouvoir donner satisfaction à un créateur. Elle suppose que celui-ci ait déjà décelé les domaines les plus importants pour son projet qui doivent donner lieu à des recherches d'informations. Elle présente l'inconvénient d'une hyperspécialisation *a priori*, même si elle est satisfaisante en termes de gain de temps. La seconde solution, recherche « large puis étroite », apportera le plus souvent au créateur de meilleurs résultats ainsi qu'une plus grande efficacité car il est difficile d'élargir une étude pendant sa réalisation alors que la priorité est d'aboutir à concrétiser un projet précis.

On retrouve ici la différence entre les projets « pull » où l'information est abondante, ce qui oblige à réaliser une recherche panoramique et les projets « push » où la rareté de l'information autorise une recherche sélective au départ.

Au-delà de cette différence, la difficulté de sa mise en œuvre et de sa coordination doit être envisagée avant le début de la recherche. La transversalité de la veille est bien souvent la seule façon d'aider le créateur à débusquer des signaux faibles ou à découvrir des analogies pertinentes.

Exemple

La mise en place d'une veille sociétale dans l'entreprise Lafuma a ainsi permis de passer des « procédés de fabrication aux nouveaux produits et ensuite aux valeurs de consommation » reconnaît son PDG.

Pour ne pas tomber dans l'extrême ouverture, l'information peut être segmentée ce qui autorise une recherche plus centrée et profonde par type d'environnement par exemple : technologique, concurrentiel, commercial, législatif, financier, sociétal et géopolitique, comme l'illustre la figure 3.5.

– Largeur → +

Profondeur (– → +)

Veille Technologie	Veille Fournisseurs	Veille Clients	Veille Réglementation	Veille Concurrence
Brevets Tests Antériorité	Les 5 plus importants			
	Les 10 plus importants			

Figure 3.5 – Segmentation de la veille

Faire ou faire faire ?

Sur cette question comme pour toute l'étude de marché, deux avis rivalisent. Pour les uns, cette recherche d'information stratégique pour l'entreprise ne peut être confiée à l'extérieur.

Elle doit même relever de la compétence même du créateur qui déléguera à une cellule spécialisée au fur et à mesure de la croissance de l'entreprise.

Pour les autres, l'efficacité dépend du professionnalisme de la recherche et elle ne peut être effectuée que par des entreprises spécialisées compétentes.

Ainsi, un marché privé de l'information existe et on peut citer quelques entreprises spécialisées (Innovation 128, Fla Consultants, Egideria, etc.) ; sans oublier l'Agence pour le Développement de l'Information Technologique, (ADIT). (*www.adit.fr*) qui est chargée d'organiser une politique nationale de veille technologique.

Un nouveau métier est ainsi né, celui de « courtier en information ». Choisir entre ces deux possibilités dépendra de trois données principales :

- le créateur est-il familier avec la recherche d'informations ?
- a-t-il un budget consacré à son étude de marché ? et plus particulièrement à destination de la recherche d'informations ?
- enfin de quelle nature est le projet ?

Un compromis est à trouver. Un projet conséquent d'entreprise de haute technologie, à destination d'un marché mondial, aidé par Oséo Anvar pour l'étude de marché aura sans doute tout à fait intérêt à s'entourer de spécialistes pour amorcer avec le créateur (et son équipe) la recherche et l'aider à s'organiser ensuite pour la réaliser en interne.

À l'opposé, un projet d'entreprise de services ou de commerce initié par un seul créateur avec un budget plus limité reposera sur la seule pratique de la recherche d'informations par son créateur.

Quelles sources d'information privilégier ?

Traditionnellement, les sources sont classées selon leur degré d'accessibilité et d'intérêt, en sources primaires et sources secondaires. Les sources primaires sont originales pour une étude spécifique et les sources secondaires déjà disponibles et plus générales[1].

Les **sources** « **primaires** » émanent d'acteurs très concernés par le secteur dans lequel se situe le projet de création et sont de ce fait de grande valeur, même si leur accès demande plus d'efforts. Il s'agit le plus souvent : d'avis de fournisseurs, sous-traitants et futurs clients ; d'avis de distributeurs, de prescripteurs, ou de tout expert du secteur ; d'observations lors de visites d'usines ou d'entreprises exerçant dans le même secteur (après chaque visite, rédiger un court « rapport d'étonnements ») ; d'utilisation des réseaux : anciens élèves, clubs patronaux locaux, réseaux professionnels thématiques, etc. ; d'essais et tests à partir d'échantillons ou de produits concurrents ; d'informations émanant des concurrents (catalogue, communication, journées portes ouvertes, test de produits, documents internes) ; de la participation à des clubs ; de la visite de salons, foires et expositions français et internationaux permet de

1. On trouvera en annexe une liste non exhaustive de quelques sources d'information très utilisées.

recueillir une documentation abondante offerte par les différents exposants, de voyages d'étude avec « rapports d'étonnements » ; de recours à des sociétés spécialisées (location de fichiers, étude spécifique, etc.).

Dans les salons, foires et expositions, des démonstrations et essais sont pratiqués. Des noms et des contacts peuvent être pris en fonction des besoins. La réussite de la collecte dans les salons, foires et expositions sera fonction de la préparation de la visite, comme le synthétise la fiche jointe, à partir de la liste des exposants (dans le catalogue du salon, disponible sur place ou obtenu avant sur Internet).

Fiche : Préparation d'une visite à un salon

Informations indispensables	Exposant 1 I 2 I 3 I 4...
À obtenir	
À vérifier	
Informations souhaitables	
Sur le matériel,	
Sur les nouveautés	
Sur l'utilisation	
Sur les réactions des clients	
Sur les prix	
Etc.	
Contacts à renforcer :	
Contacts à générer :	

Exposant 1 : nom
spécialité
position par rapport au créateur

€

Faire des recherches à partir de la bibliométrie ou de la scientométrie est hors de portée d'un créateur mais beaucoup plus efficacement faites par une société spécialisée, si le recours à ces pratiques semble indispensable[1].

1. Ou via une université ou un incubateur pour les projets hautement technologiques.

La *bibliométrie* consiste à compter les données, brevets, communications ou articles scientifiques en partant du postulat qu'il existe une corrélation entre le nombre de publications et les grands thèmes de l'actualité scientifique. La *scientométrie* cherche à mettre en évidence des courants importants par l'association de mots. La *consultation de bases de données professionnelles* n'est pas plus aisée. Le prix de la consultation peut aller de 100 à 500 € l'heure, en général. Il est souvent préférable de commander une telle recherche à une entreprise spécialisée habituée à ces recherches.

Les ARIST Agences régionales d'information scientifique et technique réalisent des études de veille technologique. *www.arist.ccip.fr*

Les **sources secondaires** les plus utilisées sont les suivantes : les revues, quotidiens, périodiques et magazines professionnels et scientifiques, etc. ; les rapports de recherche, thèses et *working papers,* etc. ; les communications et actes de colloques, congrès conférences ou manifestations organisées par des acteurs reconnus du domaine.

En un temps limité et en un seul lieu, on reçoit un volume énorme d'informations actualisées sur un sujet précis. De plus, les meilleurs spécialistes font le point de l'avancement des techniques, méthodes et découvertes dans leur secteur. Des rencontres avec ces spécialistes sont envisageables ainsi de prises de rendez-vous ultérieurs.

> Le Salon des Entrepreneurs compte chaque année tous les acteurs de la création (stands et conférences).

Les banques de données (financières, commerciales, technologiques) constituent d'autres sources secondaires. L'informatique permet d'interroger rapidement ces sources d'informations à travers le monde. Dun & Bradstreet est la plus connue ainsi que Kompass. L'internet a largement augmenté cette possibilité et l'utilisation des moteurs de recherche facilite la recherche (Google, Yahoo !, Alta Vista, etc.).

Citons encore les « Lettres d'information confidentielles » ; les organismes professionnels ; les organismes publics : mairies, préfectures, régions, ministères, douanes, chambres de commerce et d'industrie ou d'artisanat, mais aussi l'ANPE, l'APEC, Oséo-Anvar, etc. ; les annuaires et guides professionnels ; les centres de recherche publics (Insee, Credoc, etc.) ; les banques, sociétés de capital-risque et *business angels* ; les brevets.

L'Insee publie, sur papier ou CD-Rom, des informations statistiques sur la population (indicateurs « Références », tableaux « Analyses » et « Rétrospectifs ») et sur les entreprises (Alisse, Sirène). Certaines sont gratuites, d'autres payantes (petits prix) et très utiles pour des recherches sur des marchés B to B, sur des communes et sur la population. C'est une source d'information à retenir et à utiliser : *www.insee.fr* et http:creation-entreprise-insee.fr.

Dans le cas d'un créateur peu habitué à la recherche, le recours à des spécialistes en recherche et analyse de brevets est souhaitable, à partir de mots-clés ou de thèmes-clés.

On peut également consulter avec intérêt les guides APCE, comme celui sur les gites ruraux, vendre sur les marchés, ouvrir un magasin, etc.

☞

Des sources d'information comme celles émanant du BIPE (Bureau d'informations et de prévisions économiques) peuvent se révéler intéressantes. Pour obtenir les meilleures conditions, se renseigner sur *www.bipe.fr*

€

Les brevets sont réputés chers en France pour les petites entreprises et a fortiori pour les entreprises en création. Pour plus de précisions, se reporter à l'annexe 4 et se renseigner auprès de l'Inpi : *www. inpi. fr*

La propriété industrielle

C'est l'INPI qui est votre interlocuteur pour toutes les formalités concernant la propriété industrielle : brevets, marques, dessins et modèles, topographies des produits semi-conducteurs, certificats d'obtention végétale, dénominations sociales, noms commerciaux et les enseignes, appellations d'origine et indications géographiques. On y inscrit également les nantissements de logiciels.
Pour faciliter la preuve de la création, l'INPI reçoit aussi les enveloppes Soleau.
Pour plus de détails, voir l'annexe consacrée aux dépôts de brevet, de modèle ou de marque.

Un outil qui coûte cher, les panels

Les panels retracent avec précision les évolutions de consommation de certaines catégories de produits. On ne s'attardera pas ici sur leur utilisation dans la mesure où leur analyse requiert non seulement une certaine expérience mais également et surtout un budget considérable pour un créateur.

Néanmoins, il est intéressant de connaître leur existence pour, dans le cas d'appel à une société d'étude de marché, lui demander d'obtenir une information déterminante pour le projet à partir d'un panel. Il existe : des panels de consommateurs (Secodip et Sofres) ; des panels de détaillants (Nielsen, Gfk et IRI) ; des panels mixtes (Nielsen).

Il est également envisageable de passer un accord avec un fournisseur ou un distributeur qui eux, sont abonnés à ces panels.

Les études de marché à l'exportation

La méthodologie générale de l'étude de marché s'applique dans ce cas, à l'exception de quelques différences dans l'étude documentaire et dans la mise en œuvre de l'action marketing. Au stade de l'étude documentaire, il est utile de trouver les sources internationales, utiles et spécialisées, même si cela est plus compliqué, plus coûteux et plus long que pour une étude de marché dans son pays d'origine.

On peut utiliser les Missions économiques (il en existe 156 dans 113 pays). Elles sont le relais local qui aide à réaliser l'étude de marché sur place et informe en amont. Il est utile de se déplacer et expliquer l'hypothèse de départ afin que l'étude soit réalisée conformément aux attentes du porteur de projet.

La visite des foires et salons pour prendre des contacts et soumettre son projet à des interlocuteurs locaux est également souhaitable.

En France, des sources d'informations spécialisées existent : les CCI, Ubi France (l'Agence française pour le développement international des entreprises), la Banque Française du Commerce Extérieur, la COFACE, les douanes, le Comité Français des Manifestations à l'Étranger, les organisations internationales (OCDE, etc.), les revues spécialisées, les banques de données et les sources privées (banques, syndicats professionnels, etc.).

> Eurostat édite un CD-Rom qui fournit des données détaillées et comparables sur la production, le commerce extérieur et les marchés de près de 4 400 produits industriels dans l'Union européenne (CD Europroms, 2 000 euros).
> Contact : Eurostat ou les « Sources d'Europe ».

Pour conclure

Préciser et clarifier son hypothèse de départ est nécessaire avant d'entamer la réalisation proprement dite de l'étude de marché. Elle permet de sortir de son isolement, de sa certitude de détenir un bon projet et de gagner du temps… à la condition d'avoir une attitude d'ouverture et de curiosité.

Une fois que cette idée précise sera validée *a priori*, l'organisation d'un système d'information approprié est à envisager. Pour atteindre un résultat efficace tout en restant souple, ce système d'information doit répondre aux questions suivantes :

- 1. La définition des objectifs
  Que cherche-t-on ?
  Fait-on une recherche large/étroite ou étroite/large ?
  Quel est le plan de collecte des informations ?
- 2. La collecte
  Comment récolter les informations souhaitées ?
  En un minimum de temps ?
  Avec la plus grande fiabilité ?
  Au moindre coût ?
  Quelles sont les sources d'information à privilégier ?
- 3. La vérification
  Les informations récoltées confirment-elles celles déjà acquises ?
  Comment qualifier le niveau de fiabilité des informations et des sources ?
  Quelles sont les vérifications supplémentaires à réaliser ?

Quelle synthèse obtient-on ?

- 4. La circulation
  Qui nécessite ces informations dans l'équipe de démarrage ?
  Comment leur transférer à temps ?
  Comment les utiliser à bon escient ?

L'étude de marché proprement dite peut commencer comme le décrira la seconde partie de cet ouvrage.

2
Réaliser l'étude de marché

Une fois l'hypothèse de départ précisée et validée *a priori*, l'étude de marché proprement dite peut commencer. Il s'agit de confirmer qu'il existe bien une clientèle disponible et solvable pour le produit ou service que l'on s'apprête à mettre sur le marché. Cette clientèle visée reçoit par ailleurs de multiples autres offres directement ou non directement concurrentes mais habituelles et repérables. Aussi cette phase de validation complète est-elle particulièrement importante pour vérifier si effectivement la nouvelle entreprise (le plus souvent inconnue)[1] pourra attirer et satisfaire les clients qu'elle recherche.

Cette confirmation se situe dans le cadre de la connaissance des caractéristiques majeures de l'environnement : étude documentaire (chapitre 4) qu'il est indispensable de réaliser pour ensuite d'une part déterminer les attentes des futurs clients (chapitre 5) et d'autre part quantifier ces mêmes attentes (chapitre 6).

1. À l'exception de filiales d'une autre entreprise, d'une entreprise essaimée ou d'une entreprise créée par un créateur connu.

Ces différentes informations chaînées et mises en relation alimenteront le Business Plan et serviront de base à la détermination de l'offre définitive de la jeune entreprise (chapitre 6).

Le nombre de techniques disponibles pour réaliser l'étude de marché est considérable.

L'objet ici n'est pas de montrer l'exhaustivité de telles méthodes mais au contraire de sélectionner et de décrire les conditions de réalisation de quelques techniques efficaces et simples à réaliser par le créateur lui-même ou à contrôler par lui dans le cas où il sous-traite tout ou partie de son étude de marché.

À la suite de l'étude documentaire, le créateur devra choisir, en fonction de la nature de son projet (push ou pull, produit ou service, innovant ou classique, cible de particuliers ou B to B, etc.) s'il privilégie entièrement les études de compréhension ou s'il leur adjoindra des études de quantification.

Les premières cherchent à répondre aux questions *pourquoi* et *comment* et les secondes aux questions *combien* et *où*. Les différences sont réelles comme le montre le tableau suivant.

> « Les études qualitatives permettent de mieux appréhender l'avenir, alors que les études de marché quantitatives restituent le passé. En effet, dans le cas des études quantitatives, l'interviewé ne peut s'exprimer que par rapport à ce qu'il connaît, à ce qu'il a déjà vécu ou à son comportement antérieur », P. Ochs, *Le marketing de l'offre*, Economica, 1998, p. 70.

À partir de l'hypothèse de départ, le créateur (ou la société d'études qui va réaliser l'étude pour lui) va définir un protocole d'étude, c'est-à-dire l'ensemble des opérations à mettre en œuvre pour obtenir les informations nécessaires à la résolution du problème posé.

Une étude de marché est une réalisation spécifique en fonction de la nature et de l'ampleur du projet (projet de commercialisation ou de production, innovant ou très innovant, à destination du marché national ou d'autres marchés, et pour une clientèle de particuliers ou industriels).

Le périmètre de l'activité aura pour conséquence une configuration spécifique de l'étude de marché. On peut dénombrer trois cas de figure.

• Cas 1 : projet B to C. L'entreprise souhaite produire et vendre à des particuliers directement. Une étude de marché en direction de cette cible suffira.

• Cas 2 : projet B to B (ou B to G). L'entreprise souhaite vendre à des industriels. Une étude sur cette cible suffira également.

• Cas 3 : projet avec acteurs multiples. Dans ce cas, plusieurs études de marché devront être menées en parallèle.

Exemple

Une nouvelle entreprise souhaite vendre de nouveaux services à des opérateurs téléphoniques. Ce sont ses clients, on est en B to B ; d'où une étude de marché B to B. Mais ces services sont destinés à être revendus par l'opérateur à des clients particuliers. Pour convaincre les opérateurs du bien-fondé de ces nouveaux services, le créateur devra également réaliser une étude en direction des particuliers, en se mettant en quelque sorte à la place des opérateurs. Il devra leur apporter la preuve des attentes de leurs propres clients.

Le même principe s'appliquera si le projet concerne des clients industriels et des distributeurs.

Comme il a été expliqué dans le chapitre 2, il est essentiel après chaque étape de l'étude, chaque réponse à une interrogation majeure ou chaque rencontre importante avec un expert majeur de réfléchir à son idée pour la clarifier. Cette étape de retour sur hypothèses permet au porteur de projet, soit de continuer son étude sur la même idée car elle est validée par tous les intervenants rencontrés et les informations récoltées, soit de continuer l'étude en la réorientant, soit d'arrêter l'étude quand toutes les données sont franchement négatives. L'étude de marché doit commencer par une étude documentaire.

Comparaison entre les études de compréhension et les études de quantification

	Études de compréhension	*Études de quantification*
Méthode	Petit nombre de personnes interrogées à partir d'un guide d'entretien Analyse de contenu Informations en profondeur	Échantillon représentatif Questionnaire Informations quantifiées
Avantages	Mise en évidence des motivations et des comportements Richesse des résultats Possibilité de traiter les sujets difficiles Flexibilité dans l'étude	Permet d'inférer des conclusions au niveau de la population totale Quantification statistique Précision
Inconvénients	Ne répond pas aux principes statistiques Ne donne que des résultats exploratoires	Ne permet pas d'expliquer le pourquoi des comportements Perte de profondeur Rigidité du questionnaire
En résumé	Permet de comprendre et de formuler des hypothèses ainsi que de chiffrer les ventes si on dispose d'informations suffisantes	Permet de chiffrer les ventes

Chapitre 4
Faire le point sur ce qui existe

La connaissance des offres existantes, indépendamment de l'offre spécifique proposée par la nouvelle entreprise, permet au créateur de détecter les tendances globales de l'environnement et de repérer les données essentielles du marché qui lui permettront de faire la différence. De plus, l'étude documentaire de la concurrence permet de vérifier si l'hypothèse de départ est déjà partiellement ou totalement offerte par des concurrents, quand et dans quelles circonstances. Dans ces deux cas, un gain de temps et de moyens sera appréciable pour le créateur.

À ce stade le créateur doit se poser les questions suivantes et travailler pour apporter des réponses précises, comme par exemple :

- Quelle est la demande actuelle pour des produits similaires à ceux que je souhaite proposer ?
- Quels sont les comportements d'achat et les motivations des clients actuels ?
- Quel type de clients mon produit peut-il intéresser ?
- Dans quelles directions vont évoluer les exigences de la clientèle ?
- Quel est l'univers concurrentiel actuel (direct et indirect) ?
- Quelles sont les forces et les faiblesses des concurrents ?
- Y a-t-il des intermédiaires ? quel est leur poids ? leur rôle ?
- Quelle est la législation en vigueur ?
- Quelle est la rapidité de l'évolution technologique ?
- Quels sont les facteurs-clés de succès dans ce métier ?

- Quels sont les possibles facteurs de différenciation ?

En résumé, le créateur doit chercher à répondre aux interrogations fondamentales : **qui** (fait) **quoi, où, quand, comment** et **pourquoi** (sur ce marché) ?

Faire le point sur ce qui existe consiste dans un premier temps à réaliser une étude documentaire, puis à analyser la concurrence, sans oublier de consulter les experts, pour définir, *a priori*, sa stratégie de couverture de marché.

Première étape : l'étude documentaire marché

Une étude documentaire, c'est le point sur l'existant. Dans le contexte de la création d'entreprise, elle doit être rapide tout en étant la plus précise possible. Il n'est pas question de réaliser une étude exhaustive, longue et minutieuse sur un nombre d'éléments importants mais de balayer quelques pistes pour en extraire les points-clés essentiels ou étonnants.

De ce fait, l'étude documentaire est peu coûteuse dans la mesure où la majorité des informations est disponible et gratuite.

Le coût s'estime en moyenne entre 1 500 et 10 000 €, voire plus, selon le type de projet.

Cette écoute du secteur permettra également de dégager les ficelles du métier, c'est-à-dire les pratiques nécessaires au bon déroulement de l'activité.

Le gain de visibilité s'accompagne d'un gain de temps. En effet, connaître les choses évite de recommencer les erreurs des autres et met en garde contre certaines idées préconçues.

En revanche, tout l'art sera de débusquer les informations pertinentes pour le projet au milieu de flots d'informations générales, pas toujours très précises et parfois obsolètes.

Il faut considérer l'étude de marché comme une ouverture de pistes pour la suite de l'étude. Elle permet également d'apprécier les ordres de grandeur des données chiffrées et d'anticiper les ruptures.

Connaître les offres existantes permettra de délimiter le marché utile et de faire des propositions en terme de couverture de marché.

Faire ou faire faire

Les avantages et inconvénients des deux formules sont identiques à ceux évoqués dans le chapitre 2. Dans le cas où le créateur sous-traite l'étude documentaire, il convient de bien gérer sa relation avec la société qui va réaliser l'étude. De la qualité des informations obtenues dépendra la fiabilité du projet.

Bien indiquer l'objet de l'étude, les questions qui se posent, les thèmes à approfondir, le ou les lieux d'étude, le délai, le degré de confidentialité souhaité, la forme des comptes rendus d'étude, etc.

Avant la signature du contrat, la société d'étude aura établi une proposition d'étude et un devis, à partir desquels les deux parties négocieront et s'entendront. Sélectionner la société d'études optimale relève de la responsabilité du créateur. Sa décision sera fonction : du prix, du délai, des garanties obtenues mais aussi de la relation avec la personne qui réalisera l'étude ou la personne en contact.

Il est conseillé de consulter deux sociétés d'études, de taille petite et moyenne et éventuellement spécialiste du secteur d'activité concerné pour les mettre en concurrence. Le « moins-disant » n'est pas obligatoirement la meilleure réponse. Pour obtenir cette connaissance, quelques principes sont nécessaires à respecter.

Premier principe à respecter, le principe de l'entonnoir

Ce principe de l'entonnoir consiste à rechercher les informations les plus larges possible au départ puis à resserrer la recherche pour obtenir des informations directement utiles pour le projet concerné.

Il correspond à l'idée développée dans le chapitre précédent d'une recherche large/étroite où il s'agissait de récupérer le plus d'informations précises sans pour autant se noyer dans les détails. N'oubliez pas que toute cette information collectée doit aider à la prise de décision.

Deuxième principe à respecter, le principe de la boule de neige

La boule de neige signifie qu'à partir d'une information, on en récolte de nouvelles qui amèneront à en rechercher d'autres encore. Par exemple, un nom de concurrent non encore identifié, une note de bas de page dans un rapport citant un document qui semble particulièrement coller au projet, un article foisonnant d'idées, ce qui permet d'en contacter l'auteur, etc.

Dans les sociétés développées, l'information est très largement abondante et la collecte n'est pas un problème, même pour les idées innovantes. Deux cas de figure peuvent se présenter.

Premier cas : *l'information est très abondante* (cas des projets pull). *A priori* la situation est privilégiée et rassure le créateur. Cela étant, attention à ne pas se laisser déborder par une quantité importante d'informations dont seulement certaines seront intéressantes ou indispensables. Dans ces conditions, l'organisation du tri des informations est capitale pour déboucher sur des informations utiles.

Second cas : *l'information est rare* (cas des projets push). Contrairement à la situation précédente, le découragement peut gagner. Le recueil d'avis d'experts sera ici déterminant et à privilégier ainsi que l'observation de la concurrence et des clients actuels. Dans certains pays ou certains secteurs également, cette situation est fréquente et ne doit pas entraîner le créateur à éviter cette phase d'étude sous prétexte qu'aucune donnée statistique n'est disponible.

Troisième principe à respecter, le principe de vérification

Une vérification et un tri systématiques des informations récoltées forment le troisième principe qui permet d'organiser une recherche efficace.

Une information doit être vérifiée auprès de sources différentes, au minimum trois quand elle s'avère cruciale pour le devenir de la future entreprise. La vérification s'impose pour éviter les erreurs (coquilles dans un écrit, mauvaise compréhension orale d'une donnée, problème de traduction, etc.) et les malveillances (intox de la part d'un fournisseur, chiffre habilement présenté par un futur concurrent).

Les tarifs des entreprises spécialisées dans la veille et la collecte d'informations évoluent d'ailleurs en fonction de la qualité de la vérification des informations obtenues.

Rigueur, vérification et cohérence sont les bons atouts que vous devez avoir dans votre manche.

Quel type d'informations obtenir et leurs sources sont maintenant les deux éléments à approfondir.

Quelles sont les informations à obtenir et où les trouver ?

Élaborer un plan de recherche consiste à décomposer les objectifs de recherche en axes plus précis selon leur degré de priorité. L'environnement est à la fois scientifique, technologique, juridique, commercial, financier, géographique, etc. Il est aussi composé d'un certain nombre d'acteurs comme les clients, fournisseurs, sous-traitants, concurrents et partenaires. Mais également d'acteurs politiques et sociaux, autant que de groupes de pression et d'opinions publiques qui agissent sur lui.

La liste ci-dessous n'est qu'indicative et permet de mettre en évidence les types de questions auxquelles le créateur devra tenter de répondre dans le cadre de cette étude documentaire et en fonction de son projet. Toutes les réponses ne seront pas nécessaires d'autant que cette étude doit se réaliser dans un délai le plus bref possible afin que les informations soient récentes. De plus ces informations devront ensuite faire l'objet d'une synthèse utilisable.

Ainsi l'axe clients par exemple peut être privilégié, les autres étant connus et peu évolutifs sachant que les clients ont des goûts et des habitudes qui évoluent rapidement[1] ou bien l'axe technologique pour un projet d'entreprise high tech.

1. Voir les illustrations de la « baroquisation de la consommation » dans O. Badot et B. Cova, *Le Néo-marketing*, ESF, 1992 ou les travaux de R. Rochefort sur *Le Consommateur Entrepreneur*, Ed. O. Jacob, 1997.

Exemple

L'exigence des consommateurs d'acheter des appareils électroniques simples ne date pas d'hier mais elle devient pressante.

Les distributeurs de matériel électronique proposent depuis quelque temps leur médiation active. On est loin de l'évaluation des rapports qualité-prix ou des performances acoustiques ou visuelles. Il s'agit maintenant d'évaluer la praticité des produits. Les grands distributeurs et parmi eux l'enseigne Boulanger (filiale du groupe Auchan) spécialisée dans la vente d'électroménager mène ce combat en faveur des consommateurs. Depuis mai 1999, elle a publié une liste de produits « 100 % facile » à partir de groupes de travail composés de quelque 300 « clients-partenaires ». Ces distributeurs sont des experts tout désignés pour certains projets de création.

D'autre part, le fait qu'une information n'existe pas ou ne soit pas disponible est en soi une indication très intéressante.

L'idée générale consiste à comprendre les conditions environnementales de fonctionnement du marché considéré.

Les informations à récolter peuvent être classées selon neuf rubriques : le marché ; la concurrence directe et indirecte ; la demande des clients actuels ; les fournisseurs ; la distribution ; les produits de substitution ; la réglementation ; la technologie ; les informations complémentaires.

Le tableau suivant propose une liste large de thèmes susceptibles d'être abordés. Il est bien évident que, pour une recherche précise, tous les clients ne seront pas à retenir ; seuls le seront ceux présentant un intérêt pour la recherche en question : une sélection doit être faite pour récolter les « informations utiles ».

La → indique qu'il est nécessaire d'effectuer une synthèse des informations majeures.

Liste indicative des informations à récolter

1. Le marché

Taille en volume et valeur
Taux de croissance des cinq dernières années
Nature de la clientèle (B to C, B to B, B to G)

Part des exportations
Part des importations
Grandes caractéristiques
Étape du cycle de vie (démarrage, croissance, maturité, déclin)
Barrières à l'entrée/à la sortie
Facteurs-clés de succès (FCS) (voir plus loin)
Variations saisonnières
Risque de substitution
Rentabilité moyenne et évolution
Intensité capitalistique du secteur
Etc.
→ Segmentation du marché
– taille des segments : produits/clients/zones géographiques/technologie
– évolutions prévisibles de ces segments à 1 an/3 ans/5 ans (CA, %)
– etc.

2. Demande des clients actuels

Caractéristiques de la clientèle de particuliers
Nombre de clients
Montant moyen des achats
Valeurs socio-culturelles dominantes et évolution
Caractéristiques sociologiques (socio-démographiques et socio-professionnelles
Identification des leaders d'opinion (sportifs, journalistes…)
Motivations d'achat
Mécanismes de décision de l'acte d'achat :
– caractéristiques objectives (qualité, prix, délai, service après-vente, conditionnement, moyens de paiement)
– caractéristiques subjectives (image, réputation, valeur sentimentale, opinion des autres, etc.)
Degré de satisfaction actuelle
Fidélité aux marques existantes
Degré d'acceptation de l'innovation
Évolution de la demande
• *Caractéristiques de la clientèle industrielle*
Secteur d'activité
Taille
Santé financière
Noms des décideurs, prescripteurs, acheteurs et utilisateurs
Mécanismes de décision d'achat : image, publicité, innovation, prix, etc.
Périodicité de l'achat
Valeur ajoutée attendue
Clients groupés ou isolés
Concurrence éventuelle des clients etc.

3. Fournisseurs
Nombre
Taille (volume, valeur, parts de marché, localisation)
Pouvoir de négociation
Position dans la filière
Spécialités
Conditions de paiement
Prix
Délais
Niveau de qualité
Stratégie
Nouveaux entrants à prévoir
etc.

4. Distribution
Modes et circuits de distribution habituels :

	Clientèle	CA	Évolution	Prix	Remises	Conditions de règlement
HM						
SM						
GM						
Détail						
VPC						
Marchés						
Vte directe						
e-Commerce						

Coût de la distribution
Marges
Aides fournies par le distributeur
etc.

5. Produits de substitution
Type de produits/services
Chiffre d'affaires
Parts de marché
Avantages concurrentiels
Prix
Délai
Conditions de règlement
Innovations et nouvelles tendances
Substituts existant dans d'autres pays, dans d'autres secteurs
Rythme de la substitution (long ou rapide)
Existence d'une réglementation protectrice
etc.

6. Réglementation
Environnement légal : législation, réglementation (textes récents)
Normes (qualité, etc.)
Évolutions prévues
Réglementation européenne
Spécificités fiscales (TVA et impôts)
Menaces potentielles
Marché local du travail (qualité et coût de la main d'œuvre)
Rôle des groupes professionnels
Rôle des pouvoirs publics *(N.B. La nouvelle législation européenne de la chaîne du froid sur les marchés a eu des répercussions sur tout le commerce non sédentaire alimentaire.)*
etc.

7. Technologie
Technologie actuelle dominante
Perspectives technologiques
Degré de complexité
Accessibilité
Sources d'innovation et types
Mode et coût de production
Rôle de la technologie dans la réussite
Délai de mise sur le marché
Prototypage, essais
Facilité d'imitation de la technologie
Nécessité de protection par un dépôt de brevets
etc.

8. Informations complémentaires
Partenaires…
Données spécifiques
Risque politique
Modes et lieux d'achat
Existence de groupes de pression
Évolutions
etc.

Les facteurs-clés de succès (FCS)

Les facteurs-clés de succès (FCS) sont des caractéristiques imposées par les attentes des clients et dictées par l'environnement qu'une entreprise doit maîtriser si elle veut exister dans un secteur d'activité. Les FCS diffèrent selon les secteurs et évoluent avec le cycle de vie du secteur. Par exemple, dans la mode, on tiendra particulièrement compte de la griffe, du nombre de collections par an, du prix alors que dans le dans le secteur de l'automobile, on portera son attention sur la notoriété de la marque, la fiabilité, le confort, l'esthétisme, le prix et dans les secteurs technologiques, sur les innovations et le rythme de sortie de produits nouveaux.

La relation entre les facteurs-clés de succès et la maturité sectorielle montre qu'à chaque phase de la vie du secteur, un type de FCS est dominant et modifie de ce fait les données du départ. D'une façon générale, sont dominants :

- le FCS technologique en phase de démarrage ;
- le FCS commercial durant la croissance (publicité, communication...) ;
- les FCS touchant à la distribution en phase de maturité ;
- le FCS prix en fin de maturité et déclin.

Ces FCS pour les clients se déclinent en interne pour l'entreprise qui doit s'organiser pour les fournir à la clientèle visée.

> Dans le secteur de la technologie, être innovant et sortir rapidement et fréquemment des produits nouveaux demandera en interne d'organiser une fonction recherche-développement efficace, de détecter, de motiver et de stabiliser des talents, mais aussi de protéger ses innovations et d'organiser une veille permanente.

Si l'innovation technologique est un FCS dominant pour la cible visée, il vous faudra démontrer la supériorité de votre offre et prouver en quoi votre solution peut apporter un réel « plus » à cette clientèle. En interne et pour réussir, il sera alors nécessaire de répondre aux questions suivantes :

- Quelle est la contribution précise de l'innovation dans le développement du secteur ?
- À quel rythme le marché accepte-t-il les innovations ?
- De quels types d'innovation s'agit-il ? (majeures, mineures)

- Quelles sont les réactions prévisibles des concurrents face à une innovation concurrente ?
- Quels moyens et ressources sont nécessaires pour maîtriser ce facteur ?

Les FCS évoluant au cours de la vie du secteur, plus on se dirige vers la maturité, plus le nombre de concurrents est important qui proposent des offres abondantes et diverses. De ce fait, le nombre de FCS semble aussi élevé. C'est d'ailleurs un indicateur : plus les FCS sont nombreux, plus le marché est proche de la maturité.

Une première synthèse des points importants apporte déjà un élément de réponse aux questions posées en début de chapitre. Il est nécessaire à ce stade de compléter cette étape par la suivante, concernant l'étude de la concurrence.

Deuxième étape : l'étude documentaire concurrence

Il s'agit dans cette étape de focaliser l'attention sur les concurrents existants, directs et indirects.

Avant d'établir un tableau récapitulatif des informations à récolter, il convient de donner quelques explications sur l'intensité concurrentielle.

L'intensité concurrentielle

Il s'agit de la rivalité entre les concurrents déjà installés et de l'intensité concurrentielle globale de la part des fournisseurs, des clients, des nouveaux entrants, des produits et services de substitution et de la réglementation. La figure 4.1 illustrant ces différentes forces permet de visualiser les attaquants les plus menaçants ainsi qu'à l'opposé, les marges de manœuvre dont on dispose dans cet environnement.

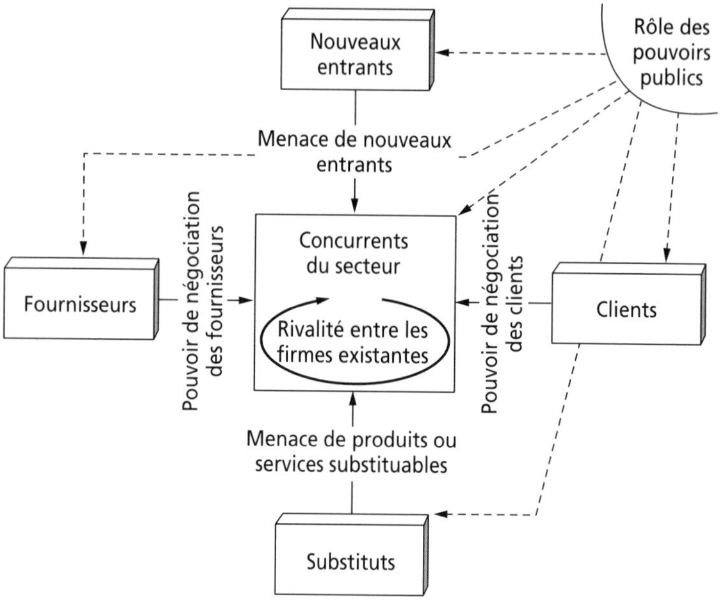

***Figure 4.1 – Les forces concurrentielles selon M. Porter,* L'Avantage concurrentiel, *Dunod, 1999*[1]**

Ce schéma « cas d'école » peut prendre les formes suivantes et tout l'intérêt provient de l'intensité des déformations : forces des rivaux directs sur les fournisseurs par exemple ou au contraire pouvoir des substituts sur les concurrents actuels, comme l'illustre la figure 4.2.

1. Réédition du titre paru chez InterÉditions en 1986.

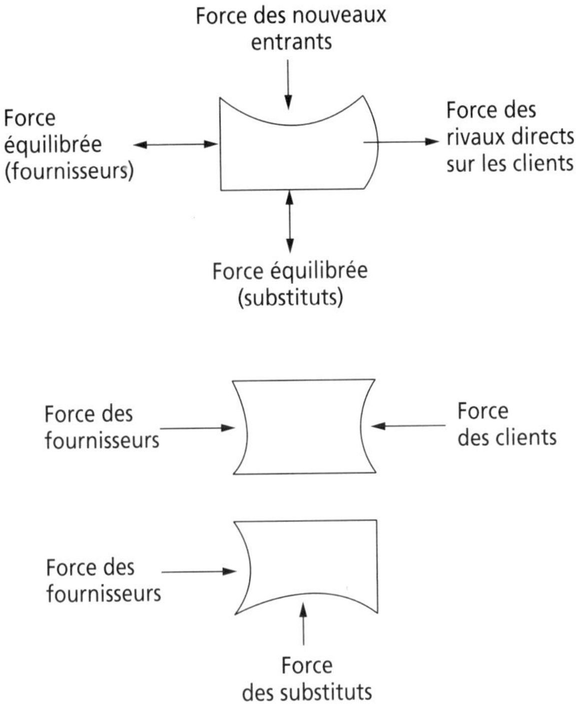

Figure 4.2 – Exemples de forces concurrentielles

☞

> Des études sectorielles Xerfi (500 par an) peuvent permettre de gagner du temps et de la visibilité sur un secteur : *www.xerfi.fr*

Il est nécessaire de faire une remarque supplémentaire sur la concurrence.

La concurrence est à la fois **directe** et **indirecte**. Tout créateur focalise son intérêt sur la concurrence directe, c'est-à-dire une entreprise qui propose le même produit ou service en direction de la même clientèle. D'autant que cette concurrence est visible et donc facilement identifiable.

Les choses se compliquent avec la concurrence indirecte. Ainsi, on entend dire fréquemment dans les cas de projets innovants – mais pas seulement : « je n'ai pas de concurrents ». En tant qu'expert, cette affirmation m'intrigue toujours. En effet, très rares sont les cas où n'existe aucun concurrent direct. Car par concurrence indirecte, il faut entendre « toute offre similaire pour les clients ».

Exemple

> Un billet de train peut ainsi se retrouver en concurrence avec un billet d'entrée dans une piscine.
>
> Il en est de même du train et de l'avion pour certaines distances ; du téléphone, courrier électronique et courrier classique pour telle ou telle application ; du restaurant et de la livraison à domicile ; des alicaments avec la nourriture et certains médicaments, etc.

☞

> Imaginez dans votre cas l'ensemble des concurrents indirects, proches et lointains : vous verrez que la liste est longue !
>
> Il ne faut pas les négliger, car ils ont des modes de fonctionnement différents (ils appartiennent à un autre secteur d'affaires) et peuvent très vite se révéler extrêmement agressifs, si le secteur s'avère intéressant à exploiter.

Après avoir analysé le panorama complet de l'intensité concurrentielle, il est nécessaire de faire un focus sur la **rivalité entre les concurrents directs**.

La représentation de cette rivalité peut se faire comme le montre la figure 4.3, en prenant comme axes les FCS les plus significatifs.

Cette représentation aidera le créateur à visualiser où les concurrents principaux réalisent leur activité et où des espaces moins occupés existent encore, pour pouvoir ensuite positionner sa propre offre.

La partie « état de la concurrence » du logiciel *Business Developer Marketing* aide à réaliser ces cartes stratégiques. Le *benchmarking* ou étalonnage par rapport à un concurrent peut également s'avérer intéressant pour débusquer quelques idées ou pratiques, à la condition que cet examen soit rapide et que le choix du concurrent étalon soit réellement judicieux.

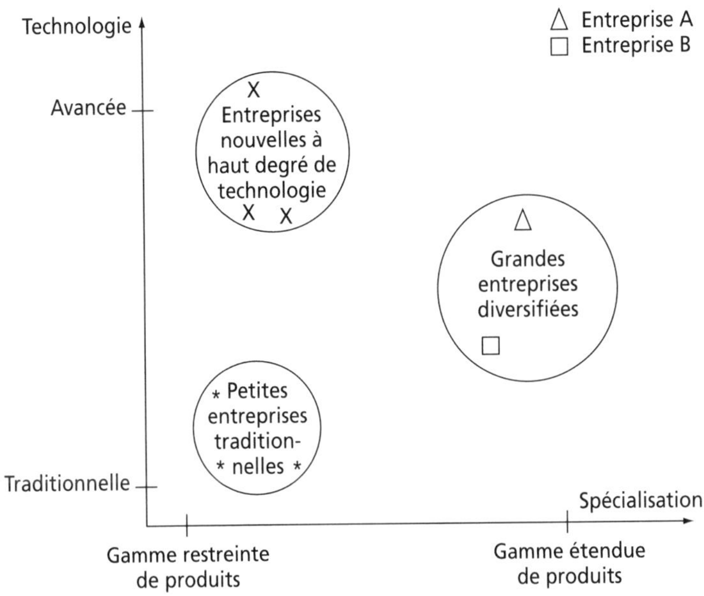

Figure 4.3 – Carte stratégique

Si vous cherchez des informations sur un concurrent, un futur client ou un fournisseur, il est possible d'obtenir des informations sur l'identité de l'entreprise ainsi que quelques chiffre clés, et ceci gratuitement, sur le site Internet de société SA : *www.societe.com*. Ensuite vous pouvez commander bilan et compte de résultat (4 euros), comptes complets (14 euros), statuts (7 euros) et marque (1 à 3 euros).

Synthèse de l'étude concurrentielle

Toutes les informations récoltées serviront à répondre aux questions formulées dans le tableau ci-dessous, qui complétera la liste des informations (page 98 et suivantes).

La → indique qu'il est nécessaire d'effectuer une synthèse des informations majeures.

Concurrence directe et indirecte

Nombre de concurrents :
- directs
- indirects installés sur le marché

Caractéristiques des entreprises qui réussissent/végètent
Pratiques concurrentielles habituelles
Rythme d'apparition et de disparition des entreprises concurrentes sur le marché visé
Importance de la concurrence des produits nouveaux
Degré de dépendance envers les fournisseurs, les clients, les substituts, les nouveaux entrants et l'État
Existence de concurrents internationaux
Nouveaux concurrents à envisager
Poids des marques
Facteurs de différenciation
Innovation (budget, compétences, renommée des équipes et des labos, nombre de brevets, etc.)
Coûts de productionMoyens de production (qualité et capacité de production, niveau de coût unitaire de production)
→ *Pour les concurrents les plus importants :*
- directs et indirects
- CA
- part de marché
- avantage concurrentiel
- ancienneté
- croissance annuelle
- domaine d'excellence
- notoriété/positionnement/image de marque
- forces/faiblesses
- moyens financiers (chiffre d'affaires, rentabilité, etc.)
- agressivité commerciale et moyens commerciaux utilisés (qualité, couverture géographique, réputation, stratégie, part de marché détenue, réseau de distribution, efforts publicitaires)
- produits/caractéristiques/marques
- prix
- distribution
- communication
- choix stratégiques majeurs
- management (qualité des dirigeants et des principaux responsables), expérience dans le secteur

etc.

Le marché des célibataires ou solos

> Il devient un marché très important en volume et très intéressant en valeur. Connaître exactement la position et les offres des entreprises existantes est une nécessité. Par exemple, dans le tourisme et les loisirs, elles sont déjà nombreuses : *www.partirseul.com, www.cpournous.co, www.celi-vacances.com, www.celicamp.com ou www.meetisland.com.*

Rappelons que l'objet de l'étude documentaire n'est pas de réaliser un travail de recherche complet à partir du plus grand nombre de sources disponibles (et elles sont nombreuses) mais bien de répondre aux questions pertinentes classées en neuf thèmes, auxquelles on ajoutera les avis d'experts.

Sans oublier... les avis d'experts et les témoignages

Il est nécessaire de vérifier périodiquement que l'étude va dans la bonne direction, ne s'enlise pas dans des détails et ne dérive pas trop par rapport à l'idée initiale. Le meilleur test consiste à interroger les experts du secteur et à réaliser une mini-prospection grandeur nature, en démarchant également quelques clients potentiels.

L'avis des experts est donc le complément indispensable de l'étude documentaire. Il s'agit de connaître et de vérifier les informations majeures déjà obtenues sur :

- Les marques les plus vendues
- Les coûts de production
- La position dans la courbe de vie du produit
- Les caractéristiques techniques indispensables à maîtriser
- La segmentation du marché
- Les caractéristiques de la clientèle
- Les caractéristiques idéales que devraient avoir le produit ou le service
- Les facteurs-clés de succès indispensables
- La connaissance des contraintes les plus fortes et leur évolution
- Le poids et la force des principaux concurrents
- L'argumentaire de vente des concurrents

Ces experts sont des distributeurs, des prescripteurs, des spécialistes du domaine (chercheurs, banquiers, transporteurs, etc.), des fournisseurs ou des spécialistes d'études de marché. Le recours par exemple aux services des jeunes retraités permet une capitalisation de la connaissance tout à fait intéressante. EGEE (*www.egee.asso.fr*), ECTI (*www.ecti.vsf.org*) à l'international, AGIR (*www.agirabcd.org*) ou OTECI (*www.oteci.asso.fr*) sont les réseaux de seniors bénévoles les plus connus.

Bien choisir ses experts et en interroger fréquemment un nombre limité mais ciblé en fonction du moment de l'étude et des interrogations précises permet un gain de temps et une augmentation de la fiabilité de l'étude. La qualité finale de l'étude documentaire dépendra des noms et de la qualité des experts interrogés.

Une fois les experts repérés, leur interrogation peut se faire soit directement et individuellement soit, dans le cadre de projets de création lourds en investissement et complexes technologiquement, de manière indirecte et faussement collective par le biais de la méthode Delphi.

L'entretien individuel en face à face peut se dérouler chez l'expert après prise de rendez-vous, sur un lieu de vente ou dans un salon. Ces deux derniers lieux sont des moyens très intéressants pour découvrir des experts et les interroger. La dépense d'énergie est concentrée dans un même lieu et sur une période courte. Si les experts ne sont pas disponibles, ils permettent un échange de coordonnées pour un rendez-vous ultérieur. Ces échanges sont donc directs et individuels.

La méthode Delphi [1] (ou méthode de consultation d'experts) a pour objectif de recueillir des opinions de personnes impliquées dans le but de clarifier les options, d'anticiper les perspectives futures d'un secteur et de déceler l'influence d'une innovation à partir des avis émis par plusieurs experts. Le principe consiste à interroger un certain nombre d'experts répartis géographique-

1. Méthode créée par la Rand Corporation au début des années 1960. Voir Léontine Rousseau : « La méthode Delphi : une liaison heureuse entre la pratique et la recherche en gestion », *Revue Organisation*, été 96, pp. 27-47.

ment (ce qui complique leur rencontre) ou ne désirant pas se rencontrer pour des raisons de confidentialité. L'interrogation sera *faussement collective* dans la mesure où chacun recevra un questionnaire individuel et anonyme où il indiquera ses réponses et les raisons de ses choix.

Comment se déroule concrètement l'enquête ? Les étapes sont les suivantes : premier envoi du questionnaire aux experts avec date de retour précisée et lettre d'accompagnement décrivant le thème et rappelant l'intérêt de leurs réponses ; relance éventuelle passée la date de retour ; analyse des réponses, rédaction de la synthèse précisant le nombre de réponses (mini et maxi) ; deuxième envoi aux experts contenant la synthèse et le questionnaire portant leur premier avis avec demande de nouvel avis et justification (maintien ou non de son avis initial) pour une date donnée ; relance éventuelle passée la date ; analyse des réponses et seconde synthèse selon la même procédure ; envoi de la seconde synthèse à chaque expert avec remerciements.

Si elle satisfait son initiateur, l'interrogation s'arrêtera là après envoi de la synthèse nouvelle à chaque expert pour les remercier de leur aide. Si elle n'est pas très satisfaisante, un troisième envoi dans les mêmes conditions sera nécessaire.

Cette méthode a le mérite de pouvoir toucher un grand nombre d'experts (dix, vingt, trente ou plus selon les projets) et de les faire interagir à distance. Étant impliqués dans le secteur, les experts répondent généralement facilement et leurs avis sont très intéressants.

Pour un projet business to business, cette méthode est d'un grand apport, même si la principale difficulté réside dans la longueur de la procédure qui demande de la rigueur dans la mise en œuvre. On comptait souvent un mois pour chaque étape dans le cas d'une enquête papier, soit un total de 3 ou 4 mois au total. L'Internet facilite beaucoup le travail dans ces études et raccourcit les délais (1 mois environ).

Autre avantage, *son coût est faible en regard de la qualité de l'information récoltée* si elle est pratiquée par le créateur. Autrement, il lui en coûtera de 6 000 à 15 000 € pour une interrogation de 10/12 experts à partir d'un questionnaire qui leur prendra de 30 à 45 minutes pour la réponse et avec 2 à 3 itérations. La seconde difficulté réside dans le choix des experts à interroger, car la qualité finale en dépend directement.

Qui est expert ? En fait toute personne spécialisée dans le domaine et qui a de ce fait étudié le problème depuis quelques années. *Comment constituer le panel d'experts ?* Le plus simple est de procéder ici aussi par « boule de neige ». Trouver un premier nom en entraîne d'autres qui à leur tour en entraînent de nouveaux. *Où les trouver ?* Les rapports du Commissariat Général du Plan ainsi que tous les rapports sérieux indiquent en annexe la liste et les coordonnées des personnes interrogées. Les auteurs d'ouvrages, les journalistes spécialisés, les universitaires, les distributeurs et tous les acteurs impliqués peuvent à un moment sur un sujet donné être qualifiés d'experts. Ici de futurs clients et des concurrents peuvent figurer parmi les experts. *Combien d'experts interroger ?* Plus leur nombre augmente et plus la fiabilité de l'étude sera grande. Mais en même temps, les synthèses et la gestion de l'étude seront plus compliquées. En règle générale, on peut considérer qu'interroger entre 10 et 30 experts en fonction du sujet d'étude est correct en matière de création d'entreprise. *Quel support utiliser ?* Un questionnaire d'une dizaine à une vingtaine de questions interrogatives semble correct. Vous trouverez en annexe 3 un exemple d'étude portant sur le partenariat technologique.

Une façon efficace de coder les questionnaires est d'utiliser la couleur, qui réduit le taux d'erreur dans les réponses. Cette méthode, mise au point par le docteur Régnier, plus connue sous le nom de l'abaque de Régnier, permet grâce à l'utilisation d'un logiciel spécifique de décoder rapidement et de visualiser en couleurs les réponses[1].

Ce système peut être tout à fait intéressant dans le cas d'un projet business to business complexe ou d'un projet innovant.

Ces deux étapes vont permettre au créateur d'établir une synthèse sur « qui fait quoi et comment », troisième étape bien utile avant le retour sur hypothèses.

1. Voir l'annexe 3.

Troisième étape : structurer la clientèle potentielle et délimiter le marché utile

L'objectif de la connaissance des offres existantes n'étant pas, on l'a déjà rappelé, d'effectuer une étude exhaustive sur l'environnement et ses différentes composantes mais bien de détecter des informations utiles mettant en avant des signaux faibles, des ruptures ou toute information particulièrement intéressante pour le projet de création.

À partir des principes de « l'entonnoir » et de la « boule de neige » et après vérification et tris successifs, cette étape permettra au porteur de l'idée de commencer à la concrétiser pour qu'elle se transforme en véritable projet de création. Cette synthèse, lui permettra, au-delà des points essentiels qu'elle révèle en termes de caractéristiques du marché, de délimiter à partir du marché de référence et en fonction de ses aptitudes, connaissances et aspirations, son marché utile, c'est-à-dire celui qui correspond à l'ensemble des cibles visées et pour lesquelles il y a déjà pluralité d'offreurs concurrents.

Ensuite il choisira sa cible (couverture en terme de couples produit-marché) et son positionnement, ce qui correspond à l'affinement de l'hypothèse de départ.

On peut illustrer ce cheminement par la figure 4.4.

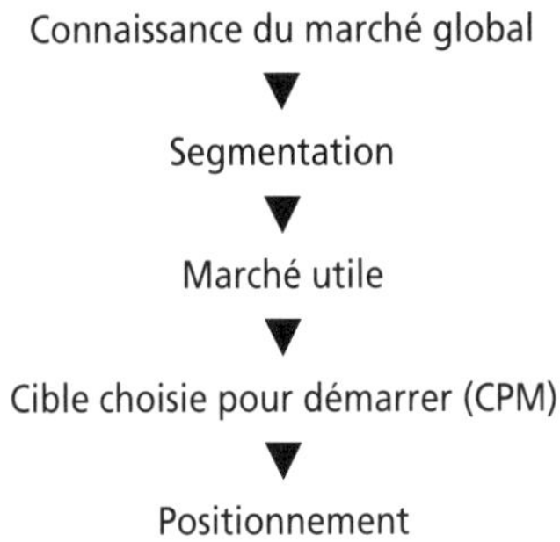

Figure 4.4 – Structuration de la clientèle : segmentation, marché utile, cible et couple produit-marché

Un marché étant rarement homogène mais composé de plusieurs groupes de clients aux besoins diversifiés, lesquels sont couverts par plusieurs entreprises concurrentes : il y a pluralité des offreurs et des demandeurs. Une entreprise en création n'a ni la capacité ni les moyens de satisfaire toutes ces demandes. Il lui faut choisir l'une d'entre elles pour optimiser la conception des produits et services et l'ensemble des actions commerciales. Pour choisir, il faut découper le marché total en sous-groupes homogènes et significatifs, c'est-à-dire partageant les mêmes attentes, besoins, habitudes ou comportements d'achat. Un segment est un sous-groupe homogène et unique de la population cible totale. Pour cela, *on segmentera la clientèle potentielle* à l'aide des critères précisés dans la fiche jointe.

Deux écueils sont à éviter dans la segmentation. Le premier est *d'identifier des segments trop larges* où il sera difficile de lutter contre les concurrents déjà installés. De plus, plus le segment est large, plus les attentes de la cible, large elle aussi, seront variées. Le second, inverse, *est d'identifier des segments trop étroits et trop nombreux.* Une entreprise en création n'a ni les moyens ni la disponibilité de s'éparpiller sur un trop grand nombre de segments. Il convient de les regrouper si possible ou de n'en choisir qu'un nombre limité pour y concentrer tous ses efforts.

Fiche de segmentation

Critères de segmentation pour une clientèle de particuliers B to C

Géographiques : région, ville, type d'habitat, climat, etc.

Socio-démographiques : âge, sexe, taille du foyer, situation familiale, niveau de revenu, catégories socio-professionnelles, niveau d'éducation, classe sociale, religion, etc.

Psycho-graphiques : style de vie (jeune cadre dynamique, femme au foyer, artiste), personnalité (ambitieux, timide), etc.

Comportementaux : occasion d'achat, motivation d'achat, statut d'utilisateur (régulier, occasionnel), taux d'utilisation, fidélité à la marque, attitude à l'égard du produit. On utilise aussi la segmentation « ethnique » ou par « tribus ».

Critères de segmentation pour une clientèle business to business
Secteur d'activité
Taille de l'entreprise
Localisation géographique
Spécialité technologique
Indépendance des capitaux
Degré d'innovation
Ancienneté sur le marché

Critères de segmentation pour une clientèle institutionnelle B to G :
Secteur d'activité
Taille
Modalités de commande
Lcalisation géographique
Acceptation des innovations

La connaissance fine de micro-segments où l'entreprise sera de fait leader peut également aboutir à une impasse et un chiffre d'affaires restreint. De même, le risque existe d'oublier des concurrents qui opèrent sur un segment prétendument différent mais qui s'avère finalement être proche sinon identique.

Exemple

L'entreprise S choisit de fournir un service d'intelligence économique aux entreprises, qui sera son marché. Pour mieux le connaître, elle le segmente (tableau 4.1) et choisit son marché utile : veille commerciale pour les grandes entreprises. L'étude de la concurrence lui apprend que ce marché utile est trop large encore et elle va à nouveau le segmenter pour tenir compte des demandes particulières en matière de veille commerciale de ces différentes entreprises.
À partir de cette seconde segmentation plus fine, notre entreprise choisit, en fonction du savoir-faire du créateur et en fonction de l'intensité concurrentielle, de s'attaquer à 2 CPM :
– le test des produits nouveaux en biotech,
– la prospective pour le secteur automobile.

Tableau 4.1 – Exemple de segmentation de la clientèle et de marché utile pour une offre de service d'intelligence économique

Offre/Clientèle	*Grandes entreprises*	*Moyennes entreprises*	*PME*
Veille Commerciale	X		
Veille Technologique			
Recherche de brevets			

Tableau 4.2 – Segmentation de l'offre de veille commerciale en direction des grandes entreprises

BTP	IAA	Télécom	Biotech	Auto

Tableau 4.3 – Couples produit-marché

GE / *VC*	*BTP*	*IAA*	*Télécom*	*Biotech*	*Auto*
Revue de presse sur la concurrence					
Tests des produits nouveaux				CPM 1	
Dossier d'analyse sur les innovations concurrentes					
Prospective sur les tendances lourdes du marché					CPM 2

Quatrième étape : choisir sa cible *a priori* et les couples produit-marché (CPM)

À partir de la détermination des segments, le créateur choisit délibérément le CPM (ou les CPM) qu'il souhaite et qu'il est capable de satisfaire dans les meilleures conditions.

- Que veut-on faire ?

  et, par différence,
- Que ne veut-on pas faire ?
- Quelle valeur ajoutée apporte-t-on ?
- Pour quelles raisons ce projet réussirait-il sur ce marché ?

Concrétiser une idée demande de définir un couple produit-marché (CPM) *a priori* sur lequel le créateur fera porter ses efforts. Au démarrage en effet, il est prudent de se cantonner à un seul CPM sans pour autant s'empêcher de saisir des opportunités plus ou moins proches mais intéressantes car rester trop longtemps sur un seul CPM peut conduire à un enlisement de l'activité. Imaginer le développement de la jeune entreprise à moyen terme exploitant plusieurs CPM permet d'éviter cet écueil. En même temps, raisonner trop largement dès le départ entraîne une dispersion des moyens qui restent limités et nuira à la clarté de l'image pour les futurs clients. Le dosage relève de la responsabilité du créateur qui doit à la fois rester les pieds sur terre sans se brider les ailes. Ensuite le choix *a priori* sera confronté aux futurs clients (chapitre 5).

La cible correspond au créneau que veut et peut occuper la future entreprise et chaque possibilité (CPM) entraînera des conséquences qui sont à prendre en compte. Dans l'exemple ci-dessus, les choix ont été délimités comme suit :

CPM 1 : nécessité de maîtriser toutes les méthodes de tests ; investissement à prévoir pour se doter des équipements adaptés ; fréquence de renouvellement de cet équipement ; besoin de formation et de veille concernant ces nouveaux produits ; personnel spécialisé et coûteux à mobiliser ; voyages d'études et visite de salons dans de nombreux pays à envisager ; problème de la responsabilité des conclusions des analyses.

CPM 2 : études lourdes et longues ; organisation de remise de conclusions partielles et paiements fractionnés ; sources d'information à mettre en œuvre concernant les experts ; système informatique à développer, type de personnel et modalités de fonctionnement à imaginer ; dépendance envers quelques gros clients ; problème de confidentialité des informations et clause de non-concurrence.

On peut également illustrer le choix d'un ou plusieurs couples produit-marché à l'aide de la figure 4.5 qui permet de visualiser trois éléments (au lieu des deux produit et marché). Ici on prend en compte le client, le produit (ou la fonction) et la technologie.

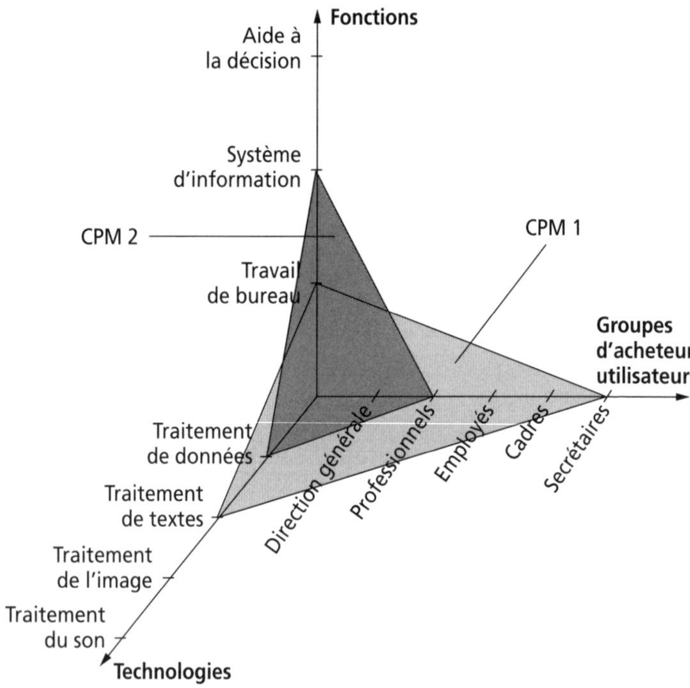

Figure 4.5 – Exemple de définition d'un marché de référence : le marché de la bureautique, d'après Hamel et Prahalad, **La conquête du futur,** ***Dunod, 1999***[1]

1. Réédition du titre paru chez InterÉditions en 1995.

Cette visualisation permet de déceler un grand nombre de CPM à partir d'une idée de départ. (Ici on n'en a retenu que deux pour la lisibilité du schéma.)

Autre exemple

Jean-Bernard Clavière a créé un nouveau concept de salon de coiffure et l'a développé en franchise. Fort de son expérience de 30 ans dans la coiffure, il a identifié un nouveau créneau. En effet, le marché est composé à 80 % d'offres discount et moyen/haut de gamme. Le segment intermédiaire n'est pas exploité, or l'étude de marché qu'il a fait réaliser par Diagramme Marketing a démontré qu'il y avait du potentiel.

La différenciation ne pouvant pas trop se faire sur les composantes de l'offre (shampooing, coupe, coiffage, coloration et permanente), il a privilégié le « contenant », c'est-à-dire le salon et les animations. Ainsi, l'idée de « territorialité » pour chaque client, à l'intérieur d'un salon, a vu le jour avec la création de « Terre de Mienne » qui a reçu le prix « Start up de la franchise 2002 », les « Lauriers d'or » de l'université R. Schuman à Strasbourg et a été élue « Entreprise of the year » par l'UCLA Anderson School of Management pour la qualité de son offre en 2004. Il a bien visé un CPM.

Le choix du ou des premiers CPM se fera à l'aide de critères tels que la facilité d'accès, la rapidité de réponse, la rentabilité, le volume du chiffre d'affaires, etc. et en fonction de la stratégie du créateur.

Le positionnement sur un CPM se traduit en image perçue par les clients.

Exemple de positionnement

La jeune entreprise Fleurance DBT vend par correspondance sous la marque Diacilone des vêtements spécialement conçus pour les diabétiques.

La concentration sur un seul CPM ou même une niche de marché permettra de focaliser ses efforts et d'utiliser le « buzz marketing » (ou marketing viral, c'est-à-dire par bouche à oreille).

Pour conclure

La réalisation de l'étude de marché ne peut se concevoir qu'à partir d'informations maîtrisables qui permettront de positionner l'offre de la nouvelle entreprise. Cette maîtrise de l'information débute avec la connaissance des offres existantes, c'est-à-dire par une étude documentaire qui permet de répondre à la question multiple : *qui fait quoi, où, quand, comment et pourquoi* sur ce marché ?

Ce questionnement se traduit en besoin d'informations sur le marché, la concurrence, les clients actuels, les fournisseurs, la distribution, les produits de substitution, la réglementation, la technologie et toute autre information complémentaire majeure. La synthèse de cette connaissance permettra au créateur de dégager les éléments essentiels et déterminants de son marché utile pour, après segmentation de ce dernier, élaborer son choix de couverture de marché en termes de couple produit-marché.

Le couple produit-marché (ou les quelques CPM) retenu sera à l'origine de la validation par les étapes suivantes de l'étude de marché, étude de compréhension des attentes du client (chapitre 5) et étude de quantification du marché potentiel (chapitre 6).

Chapitre 5
Connaître les attentes de ses clients potentiels

Face aux offres concurrentes, l'offre de la nouvelle entreprise définie *a priori* lors de la synthèse de l'étape précédente doit trouver sa place et donc répondre aux attentes des clients potentiels. Cette étude de la demande précède la quantification du marché potentiel (chapitre 6). Il s'agit d'une étude exploratoire qui vise à comprendre les déterminants des comportements des clients ciblés envers le (ou les) couple(s) produit-marché proposé(s) et à évaluer la demande potentielle. Les questions qui se posent à ce stade sont *pourquoi* et *comment* ?

Vérifier l'acceptation de son offre

L'offre définie dans la phase précédente doit être maintenant confrontée à la clientèle potentielle, ciblée *a priori*. Cette offre doit réellement apporter un « plus » à la cible afin de satisfaire un besoin réel.

Ce besoin réel peut être une solution technique à un problème actuel, comme les véhicules automobiles électriques pour limiter la pollution en milieu urbain. Mais le besoin peut aussi occuper un créneau encore peu exploité qui correspond à un besoin latent d'une certaine cible, comme les soins cosmétiques pour hommes. Dans tous les cas, il faut d'abord comprendre quelle est la nature du besoin auquel on se propose de répondre.

Quelle est la nature du besoin auquel vous vous proposez de répondre ?

Une solution à un problème actuellement non résolu ? Une réponse à un besoin non satisfait ? Un gain de productivité ? Une tendance sociale naissante (par exemple les aliments bio, les produits cosmétiques pour hommes ou les produits anti-vieillissement il y a quelques années) ? Une contrainte réglementaire nouvelle (par exemple européenne) ? Les clients sont-ils conscients de ce besoin ou est-il encore latent, ce qui obligera à des efforts supplémentaires pour les convaincre ? Le besoin est-il connu d'autres entreprises qui maîtrisent la technologie et les moyens d'agir commercialement en direction de la cible ?

Adapté de J. Bessis, D. Galai, L. Hillel et Ph. Kienast,
Business Plan, concevoir et rédiger un Plan de Développement, Nathan, 1993, page 30

Votre objectif est de rassembler des avis fiables et récents de la population-cible pour valider l'adéquation de votre offre avec la demande de votre cible. Pour cela, cette étape se fonde sur une analyse en profondeur des avis d'un nombre limité d'individus. La qualité liée à la profondeur de l'analyse permet ce nombre limité, par opposition aux sondages qui seront éventuellement utilisés par la suite (chapitre 6). La représentativité statistique n'est pas requise ici car le plus important est de recueillir des informations « chargées de sens ». Ces études utiliseront une approche ouverte, c'est-à-dire peu ou pas directive. Le principe sous-jacent provient de l'idée que chaque individu possède sa propre perception de la réalité, « sa réalité » et c'est cette dernière qui nous intéresse. Aussi, le « dit », le « pseudo-dit » (le dit du non-dit) et le « non-dit » sont des informations à recueillir.

La *qualité de l'interprétation des données est essentielle* pour l'acceptation ou le refus de l'idée, du concept, du produit ou du service nouveaux. Celle-ci dépend des conditions de réalisation de l'étude, c'est-à-dire de la personne qui la réalisera (le créateur ou une société spécialisée) et de la qualité, de la diversité et du nombre de personnes interrogées. Ces études peuvent être longues à réaliser, mais ce délai (2/3 mois) se justifie par la profondeur des informations retirées.

La rédaction et le style du rapport de synthèse doivent privilégier le caractère opératoire nécessaire à l'étude.

Faire ou faire faire ? Les remarques sont ici aussi identiques à celles déjà formulées. Néanmoins, quelques remarques supplémentaires particulières seront émises à chaque fois que cela sera nécessaire et pour chaque méthode présentée.

On peut seulement préciser que le coût de ces études est élevé s'il est sous-traité. Mais en revanche, le recul et la neutralité sont deux facteurs essentiels que l'on trouve plus facilement en externe.

Analyse du comportement du consommateur-client

On distingue généralement cinq éléments qui caractérisent le « fonctionnement » d'un consommateur-client, qu'il est possible d'illustrer par le schéma dit de l'iceberg (figure 5.1).

Le *comportement* est la résultante des actions et des réactions d'un individu face à une situation et il est observable.

Les *opinions* correspondent à un jugement formulé de manière explicite, en terme d'adhésion ou de refus par rapport à une proposition socialement soutenue par un groupe, à un moment donné et dans un contexte culturel donné. Elles peuvent être factuelles ou stables. Elles s'écoutent.

Les *attitudes* sont un ensemble d'opinions stables, liées entre elles et correspondant à une composante importante de la personnalité. Il s'agit de prédispositions à l'action.

Les *motivations* correspondent à des besoins intimes et des constantes qui poussent un individu à avoir tel ou tel comportement. Il s'agit d'un état de tensions conscientes et inconscientes qui mettent l'organisme en mouvement.

La *structure de la personnalité* correspond aux racines profondes d'un individu.

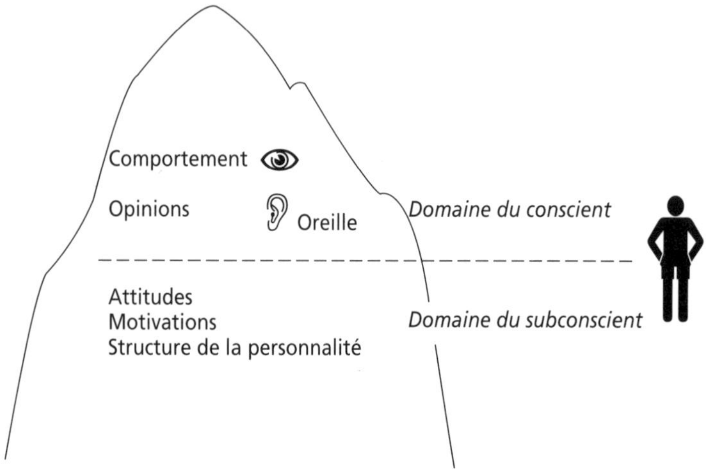

Figure 5.1 – Schéma de l'iceberg

Par ailleurs, cet individu vit et existe dans un environnement où il subit des influences variées qui le façonnent et le font réagir, comme le montre la figure 5.2.

Le *groupe d'appartenance* comprend l'entourage immédiat, les amis, les relations (de travail, etc.) alors que le *groupe de référence* correspond à celui auquel l'individu aimerait appartenir. Les groupes sociaux et culturels correspondent aux catégories socio-professionnelles et la culture sociétale renvoie aux normes culturelles du pays (de la région, etc.) à un moment donné. L'ensemble de ces influences font évoluer l'individu et donc le consommateur-client, B to B ou B to C.

Exemple

Les modes de vie ont privilégié au fur et à mesure l'achat de voitures GTI, ensuite de décapotables puis de 4 x 4 très prisées, sans que la façon de vivre proprement dite des individus ait changé fondamentalement. La prise de conscience de la nécessité de la protection de l'environnement remet maintenant en cause les 4 x 4 en milieu urbain.

Ces informations peuvent se traduire par des modèles hiérarchiques de réponse qui aideront le créateur à régler ses actions

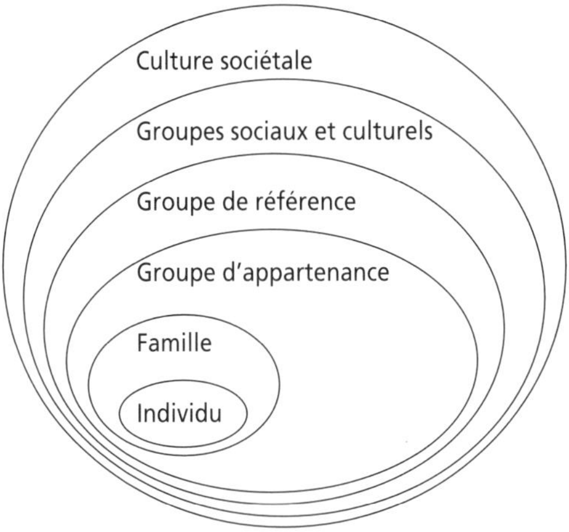

Figure 5.2 – Influences de l'individu dans la société

commerciales pour convaincre et satisfaire sa demande. Le plus fréquent est celui représenté par la figure 5.3.

Figure 5.3 – Modèle de réponse de la clientèle

À partir de ce schéma classique, il convient également de tenir compte de l'attitude des clients face à l'innovation (figure 5.4).

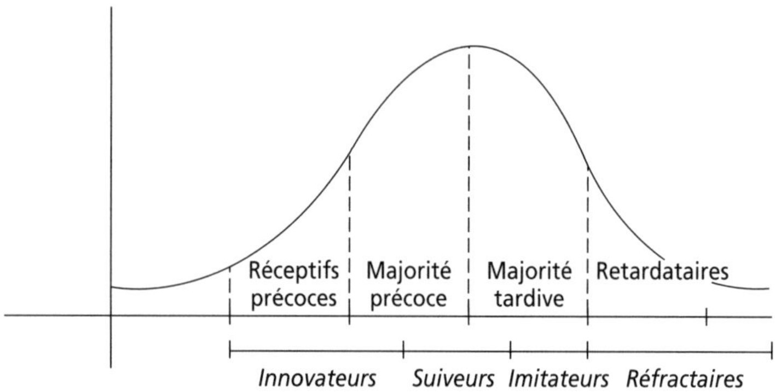

Figure 5.4 – Répartition des clients en fonction de leur attitude face à l'innovation

Source : E.M. Rogers, Diffusion of Innovations, New York, The Free Press, 1962, p. 162.

Quelques repères…

Le client est multiple et il convient de le comprendre. Robert Rochefort[1] parle ainsi du « consommateur hyperindividualiste » des années 1970 et 1980 et du « consommateur en quête de réassurances » des années 1990. Il ajoute que le particulier consomme de plus en plus comme s'il était un professionnel (ou un travailleur indépendant). On consomme aujourd'hui « pour se construire, avec une vision à long terme de développement personnel ». Le consommateur mélange aujourd'hui usage privé et usage professionnel. La fin du salariat et le développement de la pluri-activité qui obligent chacun à se prendre en charge, à être responsable et autonome y sont pour beaucoup. Le consommateur veut alors un produit ou un service qui correspond à ce qu'il est et une entreprise ne peut réussir qu'en lui fournissant des produits à forte personnalité. Autre conséquence liée au fait que *le consommateur décide de ses achats comme une entreprise ses investissements* : le marché des particuliers et celui des profession-

1. Robert Rochefort, *Le Consommateur entrepreneur*, Éditions Odile Jacob, 1997.

nels se rapprochent inexorablement. Autres tendances futures : le développement du marché senior et la demande d'« authentique » et d'« humanitaire ». L'éducation, le loisir, la culture vont fusionner dans un secteur à forte croissance (les américains parlent d'« eductainment »). Les services de proximité, les soins à domicile et le commerce électronique vont exploser. L'innovation sera recherchée mais les produits basiques qui représentent 60 % de notre consommation continueront à occuper cette place, car 70 % des produits nouveaux ne durent pas trois ans. La grande sensibilité aux prix restera néanmoins le frein important pour le développement des services. Les nouvelles technologies annoncent le retour du « sur-mesure » ou « one to one » où le client recherche une offre spécialement adaptée à lui seul. La customisation automobile, vestimentaire ou téléphonique en sont des exemples. Enfin le client recherche l'immédiateté (commandes sur internet et livraison express ou impression immédiate de son billet) et est très volatil. En conclusion, le consommateur sera de plus en plus entrepreneur et à ce titre cherchera à coproduire encore plus ses produits ou services. Depuis 2 ans, Ipsos Insight observe les 15-30 ans, *via* l'étude « Jeunes attitudes ».

On pourrait également s'inspirer des études les plus récentes menées par le CCA, Observatoire Socio-Marketing et notamment celles en matière de « socio-styles » *www.lecca.com*[1]

Le CCA fournit une carte des socio-styles des Français à partir d'enquêtes très complètes sur le comportement des individus, comme le montre la figure 5.5 pour l'année 2003. Cette carte est complétée par les % de chaque catégorie et présente l'intérêt de mettre en évidence l'évolution des comportements année après année.

L'objectif est donc de recueillir des informations chargées de sens, au-delà des idées reçues ou des réponses de convenance *(top of mind).*

1. Carte aimablement fournie par le CCA.

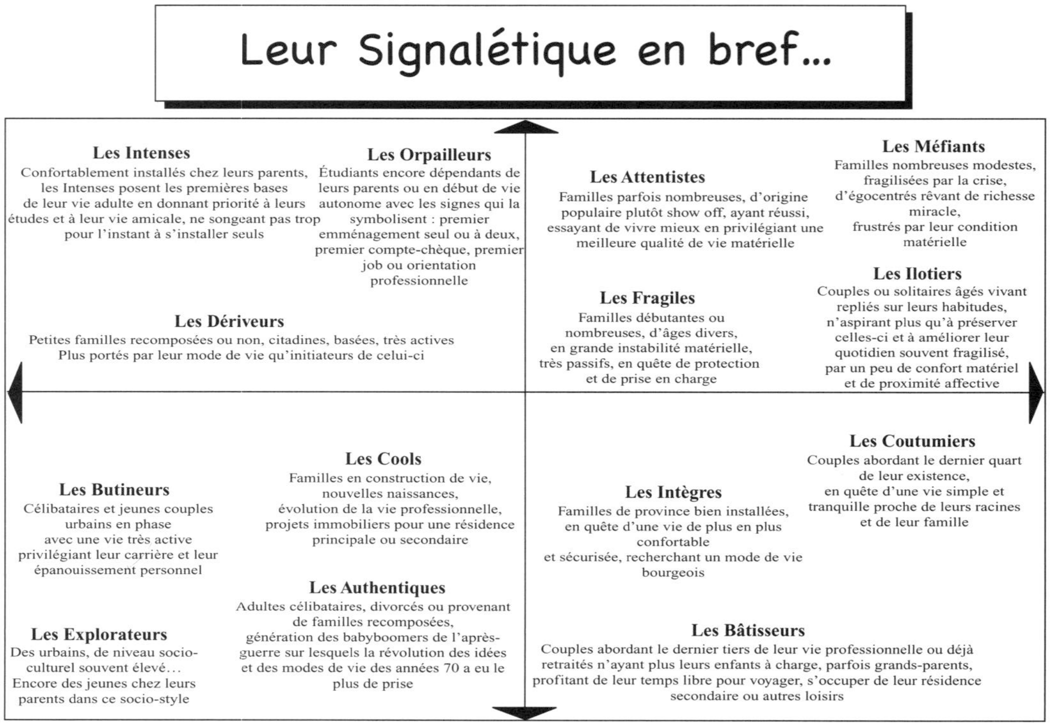

© CCA-Socio-Styles de Vie

Figure 5.5 – Les styles de vie des Français en 2003 (CCA)

Une question se pose désormais fréquemment en phase de création, quand le lancement vise simultanément plusieurs pays d'Europe : **existe-t-il un consommateur européen** (idée de globalisation) ou chaque pays est-il spécifique dans sa consommation (idée de spécificité nationale) ?

L'étude suivante réalisée chaque année par TGI Europa Millward Brown, auprès de 55 000 Allemands, Britanniques, Espagnols et Français est intéressante.

Il existerait ainsi de grandes catégories de consommateurs qui transcendent les frontières. « L'appartenance à chacune d'elles influe sur leur comportement d'achat, trois fois plus fortement que leur pays d'origine ».

Il est certes possible de brosser un portrait global du consommateur britannique, plutôt confiant, à la recherche permanente de promotions, face à son homologue espagnol, peu soucieux d'économies et pratiquant la préférence nationale dans ses emplettes, à l'Allemand friand de sécurité ou au Français qui valorise le plaisir de l'achat.

Mais les 7 types d'attitudes que la société d'études a détectés se révèlent nettement plus discriminants et appellent, de la part des marques, la mise en place de stratégies bien distinctes. Selon elle, ces conduites se retrouvent, en plus ou moins grande proportion, partout et dans toutes les tranches d'âge. « *Le comportement homogène qu'on prête souvent aux jeunes de quinze à vingt-quatre ans n'est qu'un mythe* ».

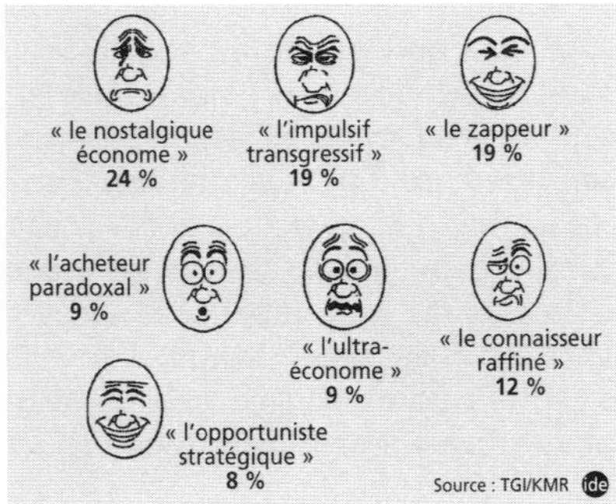

• Le genre le plus répandu est le « nostalgique économe », dont près de 1 Européen sur 4 peut se revendiquer. Particulièrement présent en France, il est attaché à ses racines, a besoin de se sentir rassuré, organise ses achats sur le long terme, se révèle fidèle aux marques qu'il a choisies et recherche les prix bas.

Dans son panier, il aime glisser des produits à connotation locale. « *Mais il n'est pas tellement sensible aux stimuli marketing et les publicités télévisées l'énervent souvent* ». C'est visiblement l'une des catégories les plus difficiles à toucher, bien qu'elle soit la plus importante.

• Le « zappeur », arrivé deuxième *ex-aequo* dans le classement des attitudes, considère au contraire la communication comme une stimulation, s'intéresse à toutes les opérations de marketing direct et adore participer aux concours figurant sur les emballages tout en rejetant les systèmes de remises qu'il ne juge pas assez drôles.

« *Il se sent attiré par les nouvelles marques, les gadgets et s'appuie largement sur leur notoriété avant de faire son choix. Il est en revanche peu enclin à payer plus cher sur le seul critère de la qualité ou des produits qui respectent l'environnement.* »

• « L'impulsif transgressif » est, de son côté, un peu plus jeune en moyenne que les autres mais la catégorie compte cependant dans ses rangs un quart de seniors. Il n'aime rien tant que l'expérimentation et les sensations fortes. L'idée de comparer les tarifs le révulse. Parmi les marques, les chewing-gums Stimorol, le cherry Coke ou les produits pour cheveux Fructis illustrent bien les produits et les discours recherchés.

• Le « connaisseur raffiné » partage avec lui le goût de dépenser sans prévoir mais avec des accents plus haut de gamme, puisqu'il se soucie du prix comme de sa première bague de cigare. Il semble l'un des plus faciles à cerner car il est le client type dont rêvent les marques de luxe.

Ce consommateur considère les achats comme un art de vivre, valorise la qualité, développe une expertise dans les produits.

1/2 Européen sur 8 correspond à ce profil, à condition de disposer des moyens suffisants.

• Les trois autres profils reflètent chacun la consommation de 8 à 9 % du public européen, de « l'ultra-économe » centré sur le prix tout en détestant faire les courses à « l'acheteur paradoxal », tantôt frivole tantôt avisé, et à « l'opportuniste stratégique » expert en marque.

(Source : 2000)

Analyse du comportement du client B to B ou B to G

Dans cette catégorie, on trouve les entreprises de toutes tailles, les professions libérales, les commerçants, les associations, les collectivités et toutes les institutions comme l'État, les établissements d'enseignement, les hôpitaux, les musées, etc.

À titre individuel, le décideur peut tout à fait réagir comme un client individuel et toutes les remarques précédentes s'appliquent. Mais, dans la mesure où il n'agit pas à titre privé, mais professionnel pour son organisation, son comportement sera plus rationnel et moins subjectif.

De plus, la formalisation du processus de décision est forte dans les organisations, comme le montre la figure 5.6.

Anticipation et reconnaissance d'un problème

▼

Détermination des spécificités et quantités nécessaires

▼

Recherche de fournisseurs potentiels/lancement d'appels d'offres

▼

Recueil et validation des offres et soumissions

▼

Choix final du fournisseur

▼

Contrôle et évaluation des performances

Figure 5.6 – Processus d'achat en milieu industriel

Ce processus classique peut d'ailleurs être beaucoup plus sophistiqué. Il entraîne plusieurs conséquences.

La première concerne la connaissance précise de l'organisation et de son fonctionnement. Le créateur devra s'efforcer de comprendre ce fonctionnement et détecter quelles sont les personnes qui interviennent dans le processus.

La seconde tient au fait que ce processus complexe fait intervenir le plus souvent plusieurs personnes qui, appartenant à des fonctions différentes, dépendent de logiques également différentes.

On rencontre habituellement au cours de ce processus :

– l'acheteur qui négocie les contrats,

– le prescripteur ou conseiller qui donne son avis technique le plus souvent. Il peut même être extérieur à l'entreprise,

– les perturbateurs qui peuvent agir sur la décision (personne d'un autre service, stagiaire, etc.),

– le décideur qui engagera véritablement son organisation.

Il est nécessaire de détecter toutes les demandes et tous les besoins de ces interlocuteurs (technique, sécurité, SAV, financier, etc.) mais aussi de deviner qui pourrait gêner le processus.

La compréhension de cet ensemble est long et donc coûteux en jours de travail.

De même, le créateur doit avoir une idée précise des procédures de sélection des circuits d'achat et de passation de commandes, des modalités pratiques de règlement ainsi que des délais pour chaque étape qui sont en général longs.

> La saisonnalité de la décision d'achat aura des répercussions sur le résultat de l'entreprise nouvellement créée et notamment la première année en trésorerie, sans parler des délais supplémentaires en cas d'appels d'offres.

La troisième conséquence tient aux relations acheteurs-vendeurs. Elles sont plus intenses et plus durables (mise au point, formation, maintenance…) et donc plus consommatrices en temps. Le nombre réduit de clients potentiels permet cette relation plus proche.

Quel que soit le type de client potentiel, l'étude de son comportement et ses attentes est nécessaire. En fonction du problème traité, du degré d'information possédé à la fin de l'étude documentaire, du délai et du budget consacré à l'étude de marché, le créateur a le choix entre *plusieurs méthodes* et notamment entre des **entretiens individuels** et des **entretiens collectifs** auprès de futurs clients mais aussi d'experts du secteur.

On cherche alors à répondre aux questions : *Pourquoi ? Comment ? Dans quelles conditions ? Pour quelles raisons ?*

Pour certains projets, il est préférable d'utiliser les trois méthodes en les associant. Pour d'autres projets, seuls des entretiens individuels suffiront.

Il n'y a pas de règle en la matière. Il existe un choix de méthodes dont l'utilisation isolée ou panachée est de la responsabilité du créateur.

	Avantages	*Inconvénients*
Entretiens individuels	Facilité d'organisation Étude en profondeur dans la relation de face-à-face Possibilité d'informations très personnelles	Durée de la collecte Coût Présence d'un intervieweur qualifié Analyse de contenu longue
Entretiens collectifs	Rapidité de recueil d'informations en une seule fois Favorise la réactivité des personnes les unes par rapport aux autres S'intéresse à la construction des explications et des représentations de groupe	Présence d'un animateur chevronné Limites du groupe : pression à la conformité, effet de leadership Difficile à organiser

Pour recueillir des informations larges et confrontées, les entretiens collectifs seront plus opératoires. Le choix sera également conditionné par le type de projet, le budget et le délai de réalisation de l'étude. Néanmoins, *rares sont les cas où ces deux méthodes sont indispensables*, d'où le nécessaire choix du créateur.

Faire ou faire faire ?

Le créateur peut réaliser lui-même ces entretiens ou faire appel à une société d'études spécialisée qui emploie des professionnels rodés de ces pratiques.

S'il les réalise, il doit acquérir les principes de base nécessaires pour obtenir un travail de qualité, à savoir : avoir une attitude de « neutralité bienveillante » ; respecter les silences ; s'organiser pour relancer le débat après des silences longs de 10 à 15 secondes ; laisser l'initiative de réponse à l'interviewé et ne pas revenir sur un thème déjà abordé par ce dernier mais initialement prévu plus tard dans le guide d'entretien ; ne pas marquer de surprise à l'écoute des réponses et ne faire aucun commentaire ; encourager l'interviewé par des signes de la tête et des « oui » d'encouragement[1].

Si le créateur se fait aider dans cette phase, il est important qu'il discute avec le chargé d'étude de la société spécialisée des avantages et des inconvénients de chaque méthode par rapport à son problème précis afin de faire un choix efficace.

La technique de l'entretien

L'*objectif* est de comprendre les mécanismes qui régissent le comportement de la population cible (motivations/attitudes/opinions/comportement) et les interactions à partir du discours. Ce n'est pas le simple enregistrement de faits supposés réels mais bien une relation d'échange provoqué en tête-à-tête. Cette étude permet de repérer les « codes » émis pas les personnes interrogées pour les traduire en « codes utilisables » pour l'action marketing future[2].

---

1. Enregistrer l'entretien demande tout d'abord l'accord de l'interwievé et ensuite un travail de transcription très long. L'utilisation du papier-crayon est préférable.
2. Pour plus d'informations, se reporter à F. Frisch, *Les études qualitatives*, Éd. d'Organisation, 1999.

Pour cela, on repère : *les discours* (vocabulaire, répétitions, interrogations, etc.) ; *les conditions du discours* (rires, angoisses, silences, etc.) ; *les thèmes abordés* (une seule ou plusieurs fois, ordre, etc.) ; *les thèmes refusés* (l'argent, la mort, la famille, etc.) ; *les comportements liés* (utilisation des mains, tenue du corps, croisement des jambes, etc.) ; *la fluidité de la parole* (rythme, intonation, etc.).

Observer et entendre sont les deux composantes des études de compréhension.

> « Nous avons réalisé une étude importante pour connaître l'opinion de cinquante responsables de restauration collective sur nos surgelés de poisson. Cela nous a permis d'affiner notre positionnement, d'élargir notre offre et de prévoir nos ventes ».
> Benoît Germe, Pdg de CAP BG, Nord-Pas-de-Calais.

Ces entretiens nécessitent un cadre : le guide d'entretien et son interprétation : une analyse de contenu. La durée d'un entretien varie selon les sujets d'étude ; elle est d'environ 1 heure.

Le guide d'entretien

Le guide d'entretien est *un document canevas qui synthétise les thèmes à aborder pendant l'entretien* et permet à l'intervieweur de suivre la progression de l'entretien. Il est construit selon la technique de l'entonnoir, c'est-à-dire qu'à partir de thèmes larges pour démarrer, il centre progressivement l'entretien jusqu'au cœur du sujet. On peut s'aider en schématisant l'ensemble des thèmes à traiter par une arborescence. Il n'est pas rare de découvrir pendant le test de ce guide des questions ou des thèmes qui avaient été oubliés ou dont l'importance avait été sous-estimée ou au contraire des thèmes redondants. Le *test du guide est primordial* pour cette raison mais aussi pour vérifier que les personnes interrogées comprennent bien le langage utilisé. L'entretien doit apparaître fluide à la personne interrogée. Les phrases sont formulées de manière interrogative pour inciter la personne à donner son avis. Par exemple, « à votre avis, quel serait aujourd'hui le mode de déplacement urbain idéal ? » ou

« pouvez-vous me dire dans quelles conditions vous aimeriez pratiquer une activité sportive en ville ? ».

Des *thèmes de relance* doivent être prévus dans le guide et sont laissés à l'initiative de l'enquêteur. Ces relances, utilisées avec parcimonie, doivent permettre de renouer le dialogue et aider l'interviewé à approfondir son avis.

La relance peut être immédiate. En fin de phrase, elle fait l'écho de la parole de l'interviewé pour éviter tout blocage quand celle-ci baisse le ton de sa voix.

Exemple de relance immédiate

> « J'aime beaucoup chiner des occasions dans les brocantes, mais je n'en ai pas toujours les moyens... (silence) il y a des moments où c'est même impossible... (silence et rire nerveux)... (silence 12 secondes).
> *Relance :* Vous m'avez dit, il y a des moments où cela serait impossible ? (ton interrogatif pour en savoir plus et faire rebondir le dialogue). »

La relance peut également être différée quand l'interviewer désire revenir sur un point précis évoqué plus avant mais trop rapidement à son sens. Elle est utilisée à la fin de l'entretien pour ne pas briser le rythme de la conversation.

Exemple de relance différée

> « Tout à l'heure, il me semble que vous m'avez dit que les chiens étaient une calamité pour les villes, pouvez-vous m'en dire plus ? »

La relance peut aussi être interprétative. Elle permet de clore un thème important de l'entretien avant d'aborder le suivant.

Exemple de relance interprétative

> « Si je vous comprends bien, la musique à la télévision n'a pas la même place qu'auparavant ? »
> *Réponse :* « Oui, c'est bien cela, à mon avis, la musique... »
> Ou :

> « Si je vous comprends bien, la musique à la télévision a finalement à peu près la même place qu'auparavant ? »
> *Réponse :* « Non, pas du tout, je me suis mal exprimé, au contraire, la musique… »

Le guide d'entretien peut comporter quelques *questions filtres* qui ont pour but d'identifier dès le départ si la personne remplit bien les conditions de l'étude.

Exemple de guide d'entretien réalisé pour une étude portant sur le biscuit BB

Bonjour Madame,
Nous effectuons actuellement une enquête sur des produits alimentaires et nous souhaitons recueillir votre avis. Auriez-vous quelques minutes à nous consacrer ?
Merci

• Tout d'abord, pouvez-vous me dire si vous avez au moins un enfant ayant entre 3 et 15 ans ?
Oui → *Poser la question suivante*
Non → Je vous remercie. Au revoir, Madame.

• *Question filtre :* Pouvez-vous me dire si, au cours des deux derniers mois, il vous est arrivé d'acheter :

	Oui	Non
– de l'huile H		
– des bonbons B		
– des raviolis R		
– du produit vitres V		
– des biscuits BB		
– de la bière Z		
– de la confiture C		
– des biscuits salés S		
– des plats surgelés P		

Si la réponse est oui concernant le biscuit BB, continuer l'entretien.

• J'aimerais que nous parlions de la confiture. Voulez-vous me dire tout ce qui vous vient à l'esprit lorsqu'on parle de confiture, ce que cela évoque pour vous ?
……………………………………………………………………………………

• À présent, j'aimerais que l'on parle de la confiture par rapport au miel. Pouvez-vous me dire tout ce qui vous vient à l'esprit sur ces deux produits, ce qu'ils évoquent ?

....

• Relance sur les points suivants :
– perception de la qualité (naturel, bienfaits)
– perception du goût
– perception des différents types de produits

• J'aimerais que l'on parle plus précisément des biscuits à la confiture, qu'en pensez-vous ?

....

• Nous avons évoqué les biscuits à la confiture et j'aimerais que l'on parle maintenant des biscuits BB que vous connaissez et que vous achetez parfois. J'aimerais que vous m'expliquiez les raisons de cet achat et que vous me disiez ce que vous pensez de ces biscuits.

....

• Les Biscuits BB réfléchissent en ce moment au lancement des mêmes biscuits mais au miel à la place de la confiture. J'aimerais que vous me donniez votre avis sur cette idée. Quelles devraient être les caractéristiques gustatives de ces biscuits ? À qui les donneriez-vous ?

....

• Si vous voyez ces biscuits en magasin, les achèterez-vous ? Les recommanderez-vous à vos amies ?

....

Test du produit (on fait goûter)

• Quel est votre avis sur ce biscuit ?

....

• L'achèteriez-vous pour vos enfants ?

....

• À quel prix souhaiteriez-vous l'acheter ?

....

• Le conseilleriez-vous à vos amies ?

....

Je vous remercie pour toutes ces réponses et vous souhaite une bonne journée.

Pour de bonnes conditions de réalisation ; il faut écouter l'interviewé dans une attitude de totale compréhension et de neutralité bienveillante, sans contraintes et à son rythme.

☞

À la fin d'un entretien, il est intéressant de demander à la personne interrogée le nom d'une autre personne (ou de plusieurs) à interviewer comme grand témoin du secteur. Le gain de temps est certain, et cela permet de constituer progressivement une liste d'experts de qualité. Cette pratique est surtout utile en B to B et B to G.

L'analyse des données recueillies

L'objectif est de réduire les informations collectées en en faisant une synthèse utile par rapport au problème posé par le créateur. Ce travail vise à analyser le sens des paroles, à découvrir la logique des acteurs et à les interpréter. On utilise généralement trois méthodes pour analyser les informations récoltées :

Le résumé : c'est la méthode la plus simple. Elle permet de dégager les idées principales évoquées mais reste superficielle. Elle est rapide et peu coûteuse.

L'analyse thématique : les informations récoltées sont regroupées par items selon des principes rigoureux (chronologie, rôles évoqués, points positifs/négatifs, etc.). Cette méthode requiert un spécialiste, elle prend plus de temps et est plus coûteuse.

L'analyse du contenu des entretiens : cette méthode représente le décodage des discours émis et leur mise en situation par rapport au sujet de l'étude. Le principe est fondé sur la déduction logique (inférence). Ces inférences peuvent répondre à deux types de question : qu'est-ce qui a conduit à un tel énoncé ? (recherche des causes du message) et quelles suites vont probablement engendrer un tel énoncé ? (recherche des effets possibles du message).

Ce travail requiert un savoir-faire particulier[1] et la meilleure solution pour le créateur est de sous-traiter cette analyse.

1. Voir Laurence Bardin, *L'analyse de contenu*, Puf, 2007.

Il existe des logiciels d'aide à l'analyse des données textuelles, mais leur apprentissage demandera un grand délai au créateur sans assurance de réussite. Modalisa analyse des textes longs à l'aide de fonctions lexicométriques (*www.modalisa.com*).

Dans le cas où le créateur réalise lui-même ce travail, il doit suivre les consignes suivantes : 1) transcrire le texte de l'entretien ; 2) analyser le texte en soulignant les mots les plus importants et les mots répétés, noter les silences, les interrogations, les rires et les doutes, relever et souligner différemment (double interligne ou couleur différente) les mots importants et fréquemment cités suite à une relance ; 3) construire une grille d'analyse à partir des thèmes relevés et de l'objectif de l'étude, comme par exemple les mots : « argent, décider, flexibilité, temps, évasion, enfants, etc. » ; 4) remplir la grille pour chaque entretien pris un par un ; 5) analyser horizontalement par thème cette grille pour en faire la synthèse ; 6) rédiger une synthèse générale (verticale) à partir des synthèses thématiques, comme l'illustre la fiche suivante.

Les entretiens individuels B to C

Il peut s'agir d'entretiens directifs (avec questions ciblées où la personne répond à une série de questions courtes et précises sur des faits ou des opinions) ou non directifs (une question de départ engage une conversation libre et ouverte sur un thème préalablement défini), mais le plus souvent il est fait recours aux **entretiens semi-directifs** où la personne interviewée s'exprime librement sur quelques thèmes ciblés et cadrés dans le guide d'entretien. Les entretiens peuvent être réalisés auprès de la cible de clientèle choisie *a priori* et/ou auprès d'experts auxquels on demande plus longuement leur avis. Il s'agit le plus souvent d'entretiens thématiques d'une durée d'une heure environ. La réalisation de l'entretien comprend plusieurs phases.

Fiche de décodage des entretiens : exemple sur les vacances

Thèmes qui ressortent des entretiens	Entretien 1	Entretien 2	...	Entretien N
• Avant Choix Réservation	Analyse horizontale → Synthèse			
• Pendant Arrivée Confort Activités Convivialité Liberté	Analyse horizontale → Synthèse			
• Après Souvenirs Relations Photos	Analyse horizontale → Synthèse			

↓ **Synthèse générale**

Une *phase d'introduction* où l'enquêteur présente le sujet, les objectifs de l'interview et discute avec l'interviewé pour le mettre en confiance. Le sujet ne sera que vaguement donné pour éviter tout biais dans les réponses. Des avis généraux sont échangés pour entamer le vrai « dialogue » qui sera retenu. Cette période peut durer 5 minutes en fonction de la liberté de parole de l'interviewé et du thème.

Une *phase de centrage* où sont abordés les thèmes à traiter. Cette phase peut durer 10 minutes.

Une *phase d'approfondissement* : quand l'interviewé est pleinement au cœur du sujet, ses réponses deviennent hautement intéressantes pour l'étude. Il prend d'ailleurs de lui-même très souvent le temps de réfléchir, d'approfondir ses réponses et de faire des questions-réponses. Cette phase intense peut durer 30 minutes et plus.

Une *phase de conclusion* : elle se justifie quand l'intervieweur sent que l'interviewé n'aura plus de points de vue intéressants à fournir (il reformule des avis déjà donnés ou émet des banalités (« top of mind ») pour se protéger de l'intrusion de l'enquêteur). Il faut l'aider à conclure. Cette phase prend environ 5 minutes.

On observe le plus souvent que les entretiens suivent cette courbe où on repère les quatre phases en fonction du temps de l'entretien, comme le montre la figure 5.7.

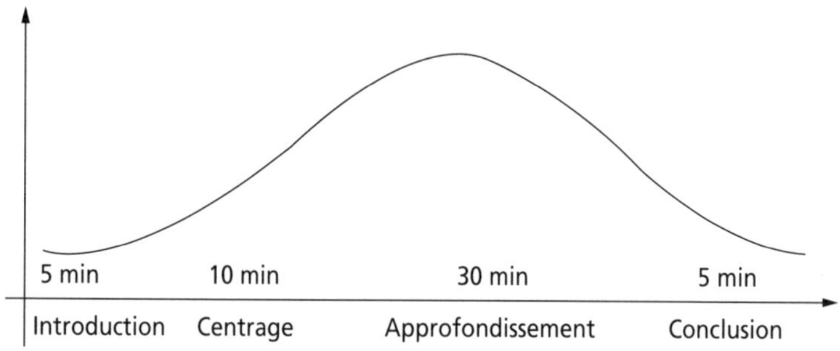

Figure 5.7 – Courbe de réponse de l'interviewé

Une variante de l'entretien individuel peut être *l'entretien de famille, par protocole.* L'interrogation porte sur les pratiques ou les attitudes quant à un produit ou à une marque. Une première visite à domicile permet d'expliquer l'objectif de l'étude ainsi que le dépôt d'échantillons à utiliser selon un protocole donné. Un rendez-vous est pris pour recueillir les avis après utilisation, de différents membres de la famille si nécessaire.

Exemple

Une marque de nourriture pour chats a utilisé cette technique pour recueillir les avis des maîtres quant aux volontés et goûts de leurs animaux préférés.

Cette technique très intéressante peut se révéler coûteuse pour un créateur. Bien évaluer le retour d'une telle étude avant de se lancer.

La conduite d'un entretien

1. Présentation de l'enquêteur et prise de contact

Objet : évoquer le sujet de manière assez large sans en dévoiler la finalité et le contenu exacts

2. Les questions introductives

Objet : démarrer la conversation par des idées simples et gagner la sympathie de l'interviewé. Il s'agit d'une phase de découverte avec des questions ouvertes qui appellent des réponses positives

3. Les questions qualifiantes

Objet : déterminer si la personne possède l'information recherchée et l'orienter avec des questions d'aiguillage

4. Les questions de mise en route

Objet : amener progressivement le répondant vers le thème précis de l'enquête menée : questions ouvertes plus complexes et centrées sur le sujet

5. Les questions spécifiques

Objet : aborder avec la personne interrogée l'information recherchée dans l'étude. Il s'agit en fait de la phase de reformulation et d'approfondissement des échanges avec des questions plus centrées pour cerner les opinions

6. Reformulation et synthèse

Objet : construire avec la personne interviewée une synthèse avec laquelle elle sera en accord et qui dégagera les points essentiels utiles pour le projet ainsi que des propositions
Reformulation-reflet consiste à reprendre l'idée telle qu'elle vient d'être émise ; reformulation-résumé où l'intervieweur reprend les éléments qui lui paraissent importants dans le discours de la personne interrogée ; reformulation-clarification consiste à renvoyer à l'interviewé ce qu'il a dit.

7. L'identification du répondant

Objet : connaître ses caractéristiques socio-démographiques, critères qui serviront de variables de segmentation.

Adapté de J.-L. Giannelloni et E. Vernette, Études de marché, Vuibert, 1994

Les questions spécifiques, qui représentant le cœur des interrogations, peuvent suivre la logique suivante :

1. la mise en situation par rapport au problème traité. « La dernière fois que vous êtes allé au cinéma..... » ou « parlez-moi de votre dernière visite... »,

2. le rêve où on demande à l'interviewé d'imaginer un produit/service ou un concept idéal pour elle/lui ? « Quelle serait, pour vous, une soirée idéale autour du cinéma ? »,

3. le retour à la réalité. « Si on vous proposait un package, avec place de cinéma, plus... , quelle serait votre réponse ? », « sous quelles conditions ? », « quelles suggestions pouvez-vous nous faire en terme de prix ? ».

Le coût d'un entretien individuel est d'environ 800 €, analyse comprise.

Les entretiens en B to B ou B to G

Ils seront presque toujours individuels (sauf à recourir à la méthode Delphi).

Ces entretiens se feront en face à face pour obtenir les meilleures réponses. L'entretien par téléphone peut également être pratiqué (clients éloignés, experts surchargés), mais devront dans ce cas s'appuyer sur un guide d'entretien plus synthétique. Les réponses par courrier ou par mail sont très faibles et n'apportent pas la qualité recherchée.

Souvent, les entretiens auprès des clients, des experts et des distributeurs rentrent dans cette catégorie.

Les entretiens auprès des clients

Les *objectifs* sont similaires, il s'agit de : récolter les grandes tendances de la profession ; confirmer certains points de l'étude de marché ; tester ses idées, concepts, produits ou services ; tester les éléments du marketing-mix prévus.

La méthode d'enquête et le nombre de personnes interrogées sont identiques. Le *coût* est généralement supérieur de 20 à 40 % à celui des études concernant les particuliers du fait de la difficulté rencontrée pour constituer l'échantillon à interroger. Des entretiens réalisés auprès de 10 à 20 personnes sont facturés de 3 000 à 7 000 € par une junior entreprise et de 9 000 à 20 000 € par une société d'études.

Associer les futurs clients et partenaires à la création de nouveaux produits est toujours satisfaisant.

> « Les clients constituent une source d'idées intarissable. Ils expriment les besoins nouveaux, les attentes non satisfaites et critiquent les produits qu'ils utilisent. En somme, ils adaptent, modifient et trouvent de nouvelles utilisations, offrant ainsi un champ d'opportunités auxquelles l'entreprise n'avait pas encore songé » Philippe Merlant, *Histoire(s) d'innover, ou comment l'innovation vient aux entreprises*, InterÉditions, 1992.

Associer les clients au développement des nouveaux produits peut se faire individuellement mais également lors d'entretiens collectifs où des essais, des tests peuvent être réalisés et comparés à l'intérieur du groupe.

Les entretiens auprès d'experts

L'*objectif* est toujours le même, à savoir récolter des informations pratiques de spécialistes du secteur pour approfondir la phase d'étude précédente par leur avis. Le repérage des experts se fait comme pour les enquêtes Delphi par le biais des foires/salons/expositions ainsi que dans les annexes des rapports d'études où figure leur liste. La *difficulté* de ces entretiens réside dans le juste équilibre à trouver qui consiste d'une part à ne pas dévoiler son projet tout en se faisant prendre au sérieux d'autre part pour récolter des informations intéressantes.

La *méthode* est similaire à l'entretien individuel avec guide d'entretien (testé auparavant) et analyse des données.

Les *avantages* sont qu'elle permet de récolter une quantité importante d'informations très précieuses ; de prendre en compte les perceptions des personnes interrogées ; d'obtenir des informations inattendues et complexes ; de relancer et d'approfondir certains thèmes jugés primordiaux, car le temps et la relation duale le permettent.

Les *inconvénients* tiennent à la longueur d'analyse, au coût (environ 750 € par entretien) et au fait qu'elle nécessite une réelle qualification de l'intervieweur pour éviter les biais et les réponses de convenance.

Les entretiens auprès des distributeurs

Les *objectifs* ici peuvent être les suivants : avoir un bilan de certaines marques concurrentes par un spécialiste ; connaître les habitudes de la profession (ristournes, promotions, agencement de linéaire, quantités minimales, rotation, etc.) ; tester l'acceptabilité d'un produit ou d'un service ; tester tous les éléments du marketing-mix (prix, mode de distribution, communication, etc.).

Une dizaine d'entretiens individuels semi-directifs d'une heure environ renseignent largement sur tous ces points à la condition qu'ils soient bien préparés (guide d'entretien testé auparavant) et que les experts choisis soient représentatifs de la profession et riches d'informations. Pour des projets de création très complexes ou très nouveaux, il est parfois préférable d'augmenter cette phase d'étude au détriment d'une autre (quantification par exemple) et d'interroger une vingtaine d'experts.

Ils se déroulent généralement dans les bureaux du distributeur, sur un lieu de vente ou dans les salons, c'est-à-dire en face-à-face.

Ils peuvent également se dérouler par téléphone avec une durée un peu plus réduite (1/2 heure) pour des raisons de commodité. Une enquête Delphi peut également être réalisée à ce stade de l'étude de marché. Leur coût peut varier de 3 000 à 30 000 € en fonction de la difficulté rencontrée, du nombre de personnes interrogées et du sujet traité.

Une variante, l'enquête papier crayon

Cette méthode d'enquête s'apparente à une liste de points-clés que le créateur doit vérifier auprès des personnes interrogées. Il garde toujours la même position de neutralité bienveillante, même si son rôle est plus actif : il enregistre manuellement les réponses ce qui représente un gain de temps et une économie. Cette technique plus simple, qui peut utiliser les relances, ne met pas à l'abri des réponses générales « top of mind » fournies par les personnes interrogées.

Ce type d'enquête est particulièrement utilisé pour les études B to B ou pour vérifier l'avis des experts, à partir de questions interrogatives simples. À partir du vécu de la personne interrogée, l'amener avec de nombreuses relances, à porter un avis sur les thèmes centrés qui intéressent l'étude. L'évocation de projets permet également aux experts de donner leur avis « en cas de réalisation de… ». Cette mise en situation est très constructive. Elle peut être utilisée lors de salons. Des enquêtes sont d'ailleurs pratiquées directement sur un terminal informatique qui permet un dépouillement très rapide par des sociétés spécialisées.

Une autre possibilité pour les projets qui utilisent des sites internet consiste à utiliser une technique d'étude des internautes. On peut étudier les sites les plus visités, les zones de page les plus regardées ou le trajet du regard sur une page. Cette technique d'« *eye tracking* » est proposée par la société Miratech. Son avantage : seuls 10 internautes suffisent pour l'étude et la durée de 2 semaines est courte. En revanche, elle nécessite de mobiliser ces internautes et le coût est élevé.

Les entretiens collectifs

L'objectif est d'améliorer la compréhension d'un sujet donné en faisant fonctionner les phénomènes de groupe. Chaque groupe comprenant entre 8 et 12 personnes.

Les *avantages* sont nombreux qu'il s'agisse d'une réunion de professionnels avertis du sujet ou d'amateurs intéressés. Il s'agit d'informations récoltées très précises et profondes. La réflexion en groupe permet d'aborder des sujets difficiles d'une manière dédramatisée. Le *prix* est plus abordable que pour les entretiens individuels. En revanche, cette méthode a pour *inconvénient* de nécessiter de recourir aux compétences d'un animateur pour le bon fonctionnement de la séance. De plus, il est parfois difficile de réunir un assez grand nombre de personnes pour garantir l'intérêt de la séance.

La **méthode** est la suivante pour structurer la séance : 1) accueil (« je suis heureux de vous accueillir à cette réunion et je vous remercie de votre participation. Nous allons passer quelques temps ensemble dans le but de dégager des idées sur une nouvelle idée, il s'agit de...) ; 2) présentation par l'animateur des objectifs et du thème (toujours vague) et premier tour de table de présentation pour détendre l'atmosphère ; 3) lancement du débat en s'assurant de la participation de tous ; 4) recours à des techniques telles que portrait chinois, jeu de l'oie, essais/tests, etc. ; 5) phase d'échanges ; 6) animation du débat (favoriser les interactions entre les participants) et recentrage si nécessaire sur les thèmes désirés ; 7) phase de synthèse où l'animateur résume les échanges et tire quelques conclusions qu'il soumet aux participants.

Un **animateur** est requis pour animer le groupe et faciliter les échanges, à partir d'une attitude neutre (neutralité bienveillante). La séance, d'une durée de 1 à 3 heures, est enregistrée et sera décodée dans les mêmes conditions que les entretiens individuels. La *sélection des participants* est essentielle. Le groupe doit-il être homogène et plus facile à animer ? ou hétérogène et plus riche en informations ? En fonction des sujets à aborder l'une ou l'autre des compositions sera retenue. La *discussion-débat* se réalise suivant le principe de l'entonnoir à partir d'un guide d'entretien succinct. L'animateur doit veiller aux blocages et limiter la prise de parole des leaders. Il doit encourager les timides et les participants qui se contredisent à approfondir leurs idées. Si le groupe émet des opinions conformes, relancer la discussion pour dépasser ce niveau. De même lorsque le groupe semble avoir tout dit sur le sujet, trouver des axes de relance pour approfondir les idées.

☞

Pour favoriser la discussion lorsque les sujets abordés sont très délicats ou très techniques, il est possible d'utiliser une variante qui met en œuvre un mini-groupe de 4 personnes homogènes *(focus group).*

€

Deux groupes de 10 femmes, durée 1/2 journée avec enregistrement vidéo, analyse de contenu et rapport d'étude avec présentation orale : 4 500 € la réunion.
Une réunion de 10 à 20 personnes (et synthèse) sera facturée entre 3 000 et 8 000 € par une Junior Entreprise et entre 9 000 et 20 000 € par une société d'études.

Une autre technique très simple et peu coûteuse peut également être utilisée, il s'agit de l'observation.

Les techniques d'observation

Les études d'observation sont intéressantes pour compléter d'autres études et elles requièrent généralement *un petit budget.* Il convient de veiller au biais que peut constituer l'enquêteur, surtout s'il est le créateur. L'objectivité de l'observation doit être méticuleusement protégée et se rappeler que les informations obtenues correspondent à une situation à un moment donné.

> « L'observation est la constatation attentive de faits, de comportements dans une situation donnée et leur enregistrement », R. Delbes et E. Teysonnière de Gramont, *Étude de marché : outil de la décision*, Delmas, 1993.

Cette technique est *utilisable par le créateur* qui pourra observer simplement ses futurs clients de la manière suivante : comptage des flux de circulation (entrée/sortie) ou temps d'attente dans les files d'attente ; relevés en magasins : des prix, promotions, disposition des linéaires, nombre de produits et comportement des clients ; observation sur le lieu de vente ; observation des pratiques en entreprise. L'observation au domicile des clients est en revanche beaucoup plus délicate.

À l'aide d'une grille d'observation construite en fonction de l'étude, l'observateur note le comportement de la personne observée.

Exemple de grille d'observation de clients en hypermarché au rayon des produits frais

Client possède une liste d'achat	oui	non
Arrêt net devant un produit	oui	non
Hésitation entre plusieurs marques	oui	non
Retour en arrière dans le rayon	oui	non
Prise en main d'un produit	oui	non
Demande de renseignements	oui	non
À qui :		
Prise de temps de la réflexion	oui	non
Achat	oui	non
Prix du produit		
Promotion	oui	non

Jour ....
Heure ....
Type de magasin ....
Adresse ....

Personne :
Âge ....
Sexe ....

Seule	oui	non

Les *avantages* sont la rapidité d'exécution, la qualité des informations récoltées sur des points précis et le faible coût. L'*inconvénient majeur* vient du fait que l'observation ne renseigne pas sur certaines caractéristiques de la personne observée ni sur les raisons de son comportement. De plus, cela peut devenir coûteux si les relevés sont géographiquement dispersés et nombreux. Enfin, les résultats peuvent être biaisés par l'enquêteur-créateur.

Si le projet de création le nécessite, le créateur peut demander à une société d'études spécialisée de réaliser pour lui des *observations plus sophistiquées*, telles que des suivis de clients pendant tous leurs achats, des observations verbalisées (où il est demandé aux clients de penser à « haute voix » leurs achats) ou des observations filmées. Ces techniques peuvent être d'un grand intérêt pour les produits de grande consommation vendus en grande surface mais sont *coûteuses*. Le plus souvent, elles sont utilisées par les grandes marques et un créateur aura sans doute tout intérêt à réaliser seul une observation simple et rapide, moins coûteuse.

Pour conclure

La phase de compréhension de la demande potentielle consiste à connaître les fondements du comportement et des opinions des clients ciblés par le projet de création. Cette compréhension passe par un certain nombre de techniques d'investigation, individuelles ou collectives et plus ou moins créatives. Ce type d'étude est essentiel pour valider un projet de création et même, dans certains cas, suffit et évite la phase suivante de quantification.

La réalisation de cette phase requiert un certain savoir-faire. Aussi, si le créateur ne se sent pas suffisamment compétent ni n'a pas assez de recul par rapport à son projet pour garder une attitude de « neutralité bienveillante » indispensable, *il est préférable de sous-traiter* ces études tout en en gardant la maîtrise.

Les questions à se poser sont principalement : *Que cherche-t-on à connaître ? De quelle manière avancera-t-on le mieux ? Quel type d'étude choisir de réaliser ? Combien en mettre en œuvre ? Quel type d'analyse de contenu privilégier ?*

À la fin de cette étape de l'étude de marché et avant de passer à la phase de quantification, un nouveau retour sur hypothèse s'impose, autour d'une question centrale : *La demande potentielle valide-t-elle mon idée, mon produit ou service, mon concept ? Est-elle suffisante ? Est-elle solvable ?*

Trois cas de figure classiques peuvent se présenter. Premièrement, *la réponse est mitigée* : il faut approfondir l'étude de compréhension, soit en augmentant le nombre de personnes interrogées – ou en réalisant un entretien collectif si auparavant les entretiens ont été individuels (ou inversement) –, soit en modifiant légèrement les questions afin d'obtenir des réponses plus centrées.

Si *le doute est plus massif* ou si l'on est confronté à un *refus*, remonter à l'hypothèse formalisée à l'issue de l'étude documentaire et s'interroger sur le choix du couple produit-marché retenu s'avèrent indispensables. Si le créateur décide de s'attaquer à d'autres CPM et donc modifier son offre potentielle, il convient de renouveler entièrement cette phase de compréhension en direction de cette nouvelle cible. Ensuite seulement et si la réponse est positive cette fois, il passera à l'étape suivante.

Considérons maintenant que la réponse est *globalement positive* : le créateur continue son étude de marché, par la phase de quantification de cette demande potentielle (chapitre 6).

Chapitre 6
Chiffrer le marché potentiel

Il s'agit de la phase de quantification de la demande potentielle ciblée dans l'étape antérieure qui permet d'aboutir au chiffrage du projet et au calcul du chiffre d'affaires prévisionnel, selon plusieurs hypothèses (haute, réaliste et basse).

Les objectifs de l'étude quantitative

Selon l'activité et le type de clientèle visée, déterminer des hypothèses de chiffre d'affaires peut se révéler difficile, mais demeure néanmoins indispensable. L'évaluation des ventes permettra en effet de dégager le volume de résultat et la capacité d'autofinancement. Ces éléments permettront alors la construction de la partie financière du BP [1].

La figure 6.1 permet de rappeler la liaison entre le marché et le résultat financier de la jeune entreprise.

Pour un projet de création, deux grandes catégories de calcul sont utilisées :

– le calcul ascendant à partir du terrain ;

– le calcul descendant à partir de l'étude documentaire et de l'étude terrain.

---

1. Voir C. Léger-Jarniou et G. Kalousis *Construire son BP*, coll. Entrepreneurs, Dunod, 2006. On peut d'ailleurs s'aider d'un logiciel comme EBP BP ou EBP BP édition PME.

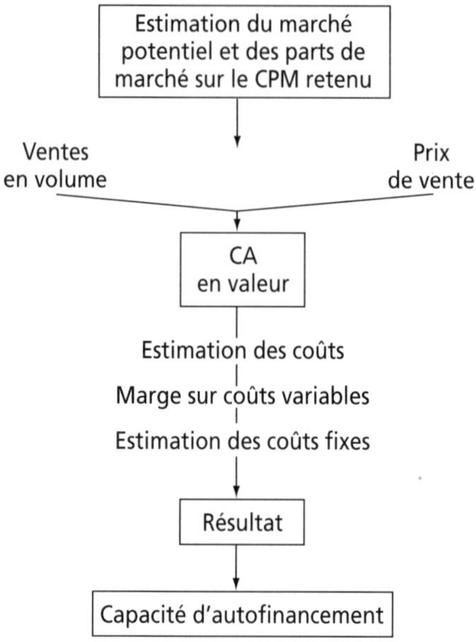

Figure 6.1 – Marché et résultat financier

On peut utiliser un seul mode de calcul en fonction du projet, mais on peut également commencer par un mode de calcul et vérifier par le second.

☞

Dans tous les cas et quelle que soit la méthode, le principe de prudence s'applique. Par exemple, on peut vérifier son calcul en se calant sur un concurrent similaire en estimant que, la première année, on sera moins performant et donc qu'on ne réalisera que 60 % de son CA.

Les méthodes de calcul

Pour réaliser au mieux le calcul du CA prévisionnel, il est essentiel d'assurer une liaison entre les données macro et les données micro récoltées antérieurement.

Le calcul ascendant

Il sera réservé aux activités dans lesquelles on ne peut pas faire plus de chiffre d'affaires que ne le permettent soit les mètres carrés, soit les cerveaux humains. Cela correspond aux activités de café, hôtel, restaurant, les activités de services intellectuels (publicité, R&D, consultant), ou encore les magasins et lieux de vente.

> Calcul du CA prévisionnel d'une nouvelle entreprise de coaching où le créateur est le seul salarié la première année :
>
> Année de 365 jours sur laquelle on ne travaille que 250 jours maximum. Il est habituel de considérer qu'un tiers du temps est consacré à rechercher des clients et 10 % aux tâches administratives
>
> Au mieux donc, on pourra facturer 162 jours par an, au prix de 1 000 € HT.

La norme du temps facturé par activité sera trouvée dans l'étude documentaire et grâce aux experts rencontrés pendant l'étude terrain.

Si la norme varie entre 50 et 75 % de jours facturés/an, l'hypothèse réaliste prendra en compte un jour sur deux et l'hypothèse optimiste deux jours sur trois.

> Calcul du CA d'un restaurant à thème :
>
> Nombre de tables par mètre carré × nombre de couverts par table × nombre de services (midi et soir) × nombre de jours ouverts/an = nombre de couverts à moduler en fonction des jours et des mois. Reste à les multiplier par le prix moyen d'un repas midi et soir.
>
> Pour le calcul du CA d'un point de vente, le géomarketing permet de simuler l'implantation de façon optimisée.
>
> Cette technique permet de visualiser les zones les plus denses de clientèle jusqu'aux moins denses dans une zone de chalandise donnée. On peut externaliser ce service pour 4.000 € environ ou acheter des logiciels spécialisés. L'Insee propose un service spécialisé.

On calcule toujours trois hypothèses de CA pour évaluer les différences en termes financiers :

– si l'affaire ne démarre pas aussi vite que prévu, peut-on tenir et passer ce délai ?

– si l'affaire démarre plus vite, comment fait-on avec le besoin en fonds de roulement ?

Après ce calcul, on vérifie par la méthode descendante si le CA évalué semble cohérent par rapport au marché. Car ce n'est pas parce qu'on ouvre un restaurant qu'il sera plein immédiatement.

Le calcul descendant

Il reste la méthode la plus fiable pour estimer son chiffre d'affaires prévisionnel. L'idée est d'utiliser au maximum les informations utiles que l'on aura collectées auparavant lors des études documentaire et terrain.

Pour réaliser ce calcul, deux méthodes peuvent être utilisées :

– la méthode dite de la chaîne des ratios,

– le sondage.

Comment choisir l'une ou l'autre ?

Le critère de choix repose sur la qualité et la quantité d'information utile et fiable récoltée :

– Cas 1 : on dispose d'une quantité suffisante d'informations fiable : on utilisera la chaîne des ratios qui est simple et rapide. Dans le cas d'un projet B to B ou technologique, cette méthode est très souvent suffisante pour estimer la demande potentielle sur laquelle pourra compter le créateur.

– Cas 2 : on ne dispose pas d'informations suffisantes ou de bonne qualité : il convient de quantifier les ventes par un sondage.

Le calcul de ce chiffre d'affaires prévisionnel n'est jamais simple ni très précis surtout en phase de démarrage, et notamment dans le cas de projets push. Pour pallier cette difficulté et évaluer les possibles développements, on construit des scénarios de CA qui tiennent compte du temps (1, 2 et 3 ans) mais aussi de la nature de la cible, comme le synthétise le tableau 6.1, ce qui donne 3 scénarios d'ampleur différente.

Le scénario haut correspond à une vision optimiste des affaires, le scénario moyen à une vision réaliste et le scénario bas à une vision pessimiste. Ces 3 scénarios offrent l'avantage de fournir des « fourchettes » de CA.

Tableau 6.1 – Calcul des scénarios de chiffre d'affaires à 1 an

	Scénario bas	*Scénario moyen*	*Scénario haut*
Cœur de cible			
Cible immédiate			
Cible élargie			

Ce tableau est également à construire, même si la prévision est moindre, pour les années 2 et 3 (chapitre 8).

Prévisionnel

Fin avril 1999, six nouveaux acteurs ont attaqué le marché français en proposant une offre commercialement innovante : l'accès à l'Internet sans abonnement (World Online, LibertySurf, VNUnet Online, Freesurf, Lokace Online et Free).

Leur cœur de cible ? Les actuels abonnés individuels, soit 1,8 million de personnes. Leur cible élargie ? Accélérer la croissance du marché, qui double pour l'instant tous les ans.

« Nous voulons conquérir 200 000 utilisateurs la première année et 400 000 la seconde en permettant le libre accès à l'Internet pour tous », Xavier Niel, Président du Groupe Iliad.

Source : *Le Monde*, 12 mai 1999

On peut également prévoir les ventes *par analogie.* Pour évaluer le lancement de produits nouveaux, on peut utiliser l'évolution des ventes dont on pense qu'elles ont été identiques au produit donné ou bien du même produit dans un autre pays.

Mais méfiance, les analogies sont parfois trompeuses. En effet, le lancement de la télévision couleur a démarré très rapidement en France, contrairement à ce qui s'était déroulé aux États-Unis, marché de référence pour les producteurs à cette époque.

On peut aussi tenter de *prévoir les ventes à partir de variables externes* comme un indice précurseur qui donne des éléments. Par exemple, le nombre de naissances indiquera une tendance de consommation de petits pots alimentaires pour bébés ou le rallongement de l'espérance de vie pour les besoins en loisirs pour les seniors.

La méthode de la chaîne des ratios

Le principe consiste, en partant du général au particulier, à multiplier des indicateurs reliés, collectés dans la phase antérieure d'étude, et qui vont permettre d'obtenir une quantification du marché potentiel cible : d'où l'expression « chaîne des ratios ».

Cette méthode a l'avantage, outre le fait qu'elle est facile à mettre en œuvre et donc rapide, de lier les informations macro et micro dont on a besoin pour créer une nouvelle affaire.

Exemple

Un créateur désire vendre un nouveau système de cuisson « écolo » en France, et il pense que les campings du Sud de la France sont sa première cible :

Nombre de campings en France	source documentaire
X % dans la zone considérée (Sud de la France)	source documentaire
X % de camping « écolo » ou « label vert »	source documentaire & avis d'experts
X % de ceux qui disent être prêts à toute innovation de ce type pour attirer et fidéliser leur clients	source : étude terrain et experts
MARCHÉ CIBLE TOTAL EN VOLUME	
X % de la part de marché que le créateur pense pouvoir attirer dès la première année	estimation d'après l'étude documentaire, l'étude terrain et experts
MARCHÉ CIBLE EN VOLUME	
X dépenses annuelles des camping pour ce type de matériel	étude documentaire, de terrain et experts
CA PRÉVISIONNEL	

La seule difficulté dans ce calcul réside dans l'estimation de la part de marché que peut réaliser le créateur. Ce chiffre est effectivement délicat à déterminer mais essentiel. Pour l'approcher au mieux, le plus efficace est de se baser sur la réalisation d'un concurrent (par analogie), sur des rapports d'experts, sur l'étude auprès des futurs clients et des distributeurs.

Exemple d'avis d'expert

« Dans ce secteur, le dernier entrant il y a deux ans a pris 5 % de part de marché, en une année, avec 3 vendeurs et 10 000 € de publicité. Mais il a eu de la chance car à l'époque, deux concurrents ont connu des problèmes sérieux ». Il est alors plus prudent, avec les mêmes moyens, d'envisager une part de marché de 3 % seulement.

Le sondage

Le principe consiste à interroger un grand nombre de personnes pour obtenir une fiabilité dans les réponses. Mais dans la réalité, interroger un grand nombre de personnes se révèle être long et coûteux (l'exemple extrême est le recensement de la population réalisé périodiquement par l'Insee). Dès lors, il convient d'interroger un nombre suffisant de personnes représentatives de la cible visée pour que le résultat obtenu soit statistiquement valable et qu'il autorise une généralisation des résultats obtenus.

Loin de faire de longs développements sur les méthodes statistiques d'enquêtes par sondage qui n'ont pas d'objet ici, le propos sera centré sur les techniques les plus usuelles et les plus efficaces pour un créateur d'entreprise.

Les questions qu'un créateur se pose généralement à ce stade sont les suivantes : *Combien de personnes interroger ? Quel échantillon retenir ? Comment sélectionner les répondants ? Comment rentrer en contact avec les répondants ? Où interroger les répondants ? Le questionnaire est-il assez détaillé ? mais n'est-il pas trop long ?*

Et elles renvoient aux points qui vont être analysés dès à présent.

La question *faire ou faire faire* se pose à nouveau. Si le créateur délègue cette partie de l'étude à une société spécialisée, celle-ci doit lui fournir un plan d'échantillonnage, comprenant la méthode retenue pour échantillonner, le nombre de répondants, le questionnaire, le ou les modes d'administration, le mode de dépouillement ainsi que le nombre d'enquêteurs et leur qualité ainsi que les modalités de contrôle de leur travail.

Comment procéder

Il convient de prendre en compte quatre points différents qui sont :

- 1. l'échantillonnage du sondage ;
- 2. la rédaction du questionnaire ;
- 3. l'administration du sondage ;
- 4. le dépouillement de l'enquête.

Ces quatre points seront à traiter isolément même s'il existe des interrelations entre eux. Par exemple, un questionnaire administré en face-à-face dans la rue devra être court et rédigé simplement (l'administration a des effets sur la rédaction). Un questionnaire pour une cible B to B pourra être plus technique et plus direct (l'échantillonnage a des effets sur la rédaction et sur l'administration).

Les contraintes de temps et de budget vont également influencer les choix d'enquête alors que la méthode retenue ne doit pas déformer l'échantillon défini et qu'elle doit faciliter l'administration du questionnaire et la réponse des personnes interrogées.

Premier point : l'échantillonnage

Partant du principe qu'il est impossible d'interroger la cible entière des clients potentiels, il convient d'en sélectionner un certain nombre selon des critères précis.

Cet échantillon est un modèle réduit de la population-cible (population de référence ou population-mère) et donc proportionnel à celle-ci ou à ses caractéristiques.

Cette population-cible n'est pas toujours aisée à définir, même si on sait qu'elle possède les informations qui répondent aux objectifs de l'étude menée. Par exemple : si on étudie la possibilité de vendre de nouvelles chaussures pour enfants de moins de 10 ans, la population-cible sera-t-elle :

- celle des enfants de moins de 10 ans ?
- celle des mères des enfants de moins de 10 ans ?
- celle des enfants et des mères ?

Seules les études réalisées en amont, étude documentaire (chapitre 4) puis étude de compréhension (chapitre 5) permettront d'apporter une réponse précise en terme de comportement d'achat des chaussures pour enfant de moins de 10 ans.

L'échantillonnage peut se faire de plusieurs façons, le plus souvent de manière aléatoire ou de manière empirique.

Le choix de la méthode est de la responsabilité du créateur (ou de l'entreprise à qui il sous-traite).

Elle dépendra des informations possédées issues des phases amont de l'étude de marché, du délai, du budget, du sujet traité et de l'habileté de la personne qui réalise l'enquête.

Échantillonnage aléatoire (ou probabiliste)

Il répond à la loi des grands nombres et des probabilités sur le principe suivant : les individus de l'échantillon sont choisis au hasard, par tirage au sort. Toute unité de la population doit avoir la même chance que les autres de figurer dans l'échantillon et chaque réponse a la même valeur que la réponse de la personne suivante. Cette méthode nécessite de posséder une liste complète, sans omission et sans répétition des unités de la population-mère, appelée *base de sondage* à partir de laquelle le tirage au sort sera effectué.

Exemple de base de sondage

Les entreprises via les syndicats professionnels ou les chambres syndicales (liste des médecins généralistes en PACA, liste des entreprises de 200 à 500 salariés en Aquitaine) ou les particuliers par la liste téléphonique ou les listes électorales.

Cette méthode qui a la préférence des statisticiens sera *assez peu utilisée en création* dans la mesure où les listes n'existent pas toujours. Si l'on souhaite réaliser une enquête auprès des médecins cardiologues sur leurs pratiques récentes en matière de prescription d'un nouveau médicament, cette méthode peut être employée car on peut disposer, pour la France entière ou par département, de la liste des médecins cardiologues. En revanche, si l'on souhaite interroger tous les particuliers qui ont un animal domestique, aucune liste de ce type n'existe.

Une fois la liste possédée et actualisée, deux points restent à définir : la taille de l'échantillon à interroger et son tirage au sort.

La taille de l'échantillon à interroger

Cette méthode sera statistiquement représentative à la condition que la taille de l'échantillon interrogé soit supérieure à 50 personnes. Par ailleurs, la taille minimale de l'échantillon peut être calculée selon la formule suivante :

$$\text{Taille de l'échantillon : N} \geqslant \frac{4 \times p \times (1 - p)}{0{,}0025}$$

où : p est la fréquence observée dans l'échantillon (ex : % de femmes dans la population totale, % des fumeurs de 15 à 50 ans), pour un seuil de confiance dans les résultats de 95 %.

La formule complète est $n \geqslant t^2 p(1 - p)/e^2$

où e est la précision désirée, c'est-à-dire l'erreur que l'on accepte de commettre.

La valeur de t dépend du seuil de confiance recherché (seuil de confiance qui fixe la représentativité de l'échantillon) : pour 95 % de confiance, t sera égal à 2, d'où la pratique d'utiliser 4 pour t^2. Si on souhaite 99 % de confiance, t sera égal à 2,7.

En général, le seuil de confiance de 95 % est adopté pour les études marketing, ce qui signifie qu'en tirant 100 fois de suite un échantillon de la population à étudier, on en obtiendra 5 dont les résultats risqueraient de s'écarter de plus de la valeur e des résultats des 95 autres.

Exemple

Enquête portant sur les pratiques en matière de consommation de papier absorbant dans un département précis. L'étude documentaire préalable a indiqué que la proportion des foyers employant un tel papier est de 74 % pour la France entière. Aucune indication particulière dans l'étude de compréhension n'indique si la consommation est largement supérieure ou inférieure dans ce département. On prendra donc ce chiffre pour calculer la taille de l'échantillon à interroger, soit :

$$N = \frac{4 \times 0{,}74 \times (1 - 0{,}74)}{0{,}0025} = 307{,}84$$ personnes soit un minimum de 308 personnes à interroger

La taille de l'échantillon ne dépend pas de la taille de la population-mère mais de sa diversité (en termes statistiques, la taille de l'échantillon dépend de l'écart-type et non exclusivement de la taille de la population-mère).

Elle dépend également de la précision voulue dans l'étude. Dans le cas d'enquêtes en création d'entreprise, le taux d'erreur accepté est de 5 % (d'où le dénominateur de la formule qui donne 0,05 x 0,05 soit 0,0025). Si on le souhaite, ce taux peut être ramené à 1 ou à 2 % et le dénominateur de 0,0001 ou 0,0004.

☞

Cas exceptionnel : si on ne connaît rien sur la population, on postule qu'elle se répartit pour moitié, d'où une proportion de 0,50.

Dans ce cas, il conviendra d'interroger : $\frac{4 \times 0{,}5 \times 0{,}5}{0{,}0025}$ soit 400 personnes.

Quelques variantes

On peut également faire des sondages à plusieurs degrés, ou à partir de strates de la population repérées (entreprises classées par taille, habitants par région, etc.). On pratique un tirage au sort dans chacune de ces strates.

En création d'entreprise, ces types de sondages sont compliqués à mettre en œuvre et le plus souvent inutiles. Il est vrai que ce mode d'échantillonnage est bien utile pour des échantillons de grande taille, ce qui n'est en général ni fréquent ni nécessaire dans les cas de création.

Il en est de même pour les sondages au semi-hasard où l'échantillon est déterminé sur place par l'enquêteur, en fonction de critères repérés sur une carte. Par exemple, interroger tous les habitants de tous les 3 immeubles, au 4° étage et à la porte gauche. Que faire s'il n'y a pas de 4° étage ? Cette méthode est à déconseiller pour les problèmes de création d'entreprises.

Le second point à définir est le tirage au sort des N personnes à interroger.

Pratique du tirage au sort

À partir de cette liste (ou base de sondage) où tous les individus sont numérotés de 1 à N, un tirage au sort est réalisé systématiquement. À partir de quel chiffre ?

On utilise une table des nombres au hasard pour déterminer le chiffre à interroger dans la liste.

Utilisation de cette table : pointer un crayon les yeux fermés sur un des chiffres et on lui fait correspondre un numéro.

Si on ne possède pas cette table, on peut aussi demander à une personne de donner un chiffre entre 1 et 10 ou 1 et 50 par exemple en fonction de la taille de la liste.

Les techniques de génération aléatoire informatisées fournissent également des nombres au hasard, à partir de bornes 1 et N qui correspondent à la grandeur de la liste. Le chiffre généré ou obtenu sera le point de départ du prélèvement dans la liste selon une progression arithmétique de raison $n = \mathrm{N}/n$.

Exemple

On souhaite interroger un échantillon de 125 personnes (calcul de N) à partir d'une liste de 3000 noms (population-mère). On tirera au sort tous les 24 noms (3000/125) en prenant soin, pour démarrer, de tirer au sort le premier individu à interroger à l'aide d'une table de nombres au hasard. Si le premier individu est le 9e, le second sera le 33e de la liste (9 + 24), le troisième le 42e (33 + 9) et ainsi de suite.

Une exception à ce principe : la constitution d'un échantillon non représentatif. Il sera constitué de la somme des strates de population sur lesquelles on souhaite obtenir des réponses. Cet échantillon non proportionnel et biaisé peut être utilisé en phase de création lorsque la cible intéressante est très limitée. Par exemple, des entreprises d'un département, d'un seul secteur industriel et employant moins de 200 salariés ou encore des enfants de 8 à 10 ans à la sortie de l'école.

Hormis la difficulté d'obtenir une liste actualisée de la population de référence, cette méthode présente l'inconvénient de ne pas être satisfaisante lorsque la population est trop hétérogène. De plus elle est longue et coûteuse.

Échantillonnage empirique (ou raisonné) : les quotas

En phase de création, les méthodes empiriques sont le plus souvent à privilégier car tout à fait judicieuses et appropriées. Elles sont construites à partir de plusieurs variables. Le choix de ces variables (dites quotas) est laissé à l'appréciation de la personne qui réalise l'enquête.

Pour *l'échantillonnage par quotas*, l'enquête se déroulera sur un petit nombre de personnes sans aucune liste préalable. On considère que ces variables attachées à un individu sont interdépendantes et entraînent chez les mêmes individus les mêmes réponses. L'échantillon sera construit avec la volonté d'obtenir une population réduite (50, 100, 200 individus ou plus) correspondant exactement à la population-cible : une population-cible en miniature en quelque sorte. Les % (quotas) observés dans la population-cible seront utilisés pour construire un échantillon de 50, 100 ou 200 répondants.

Quels critères retenir ? Ceux qui lors de l'étude documentaire et de l'étude de compréhension s'avèrent être les plus importants pour expliquer le comportement des individus.

À partir de l'étude documentaire, on aura recueilli des informations sur la population-cible et sur certains critères sociodémographiques (âge, sexe, CSP, lieu d'habitation, le nombre d'enfants, etc.) ou culturels (type de pratique sportive ou culturelle, niveau d'équipement informatique des foyers, etc.) pour les particuliers. En B to B, ce sera par exemple, la taille des entreprises, le secteur d'activité, le montant de R & D, l'implication à l'exportation ou la région d'exploitation.

Quel nombre retenir ? Plus le nombre de critères sera élevé, plus la complexité de la population sera prise en compte mais plus difficile aussi sera la constitution de l'échantillon à interroger.

En règle générale, on utilise de 3 à 5 critères, selon le type de sujet abordé et la taille de l'échantillon souhaité.

Le découpage de la population peut se visualiser de la façon suivante, à l'aide de camemberts, comme schématisé sur la figure 6.2.

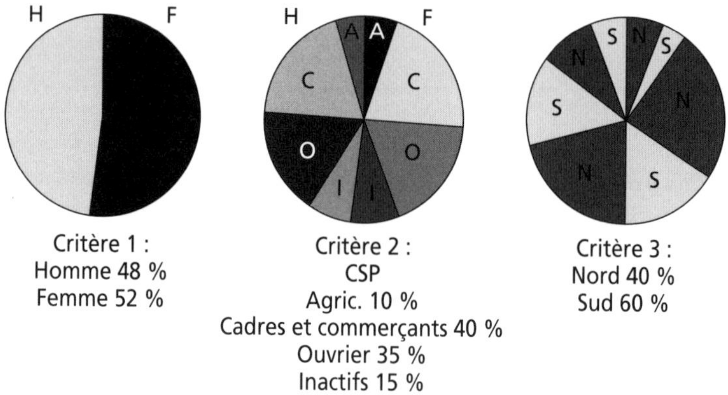

Figure 6.2 – Répartition de la population selon les quotas

Les *avantages* sont : la simplicité de constitution de l'échantillon car il n'y a pas de liste à posséder.

Les inconvénients sont : le choix déterminant des critères et la difficulté de trouver des individus dans certains cas (exemple : comment, où et quand trouver une avocate d'affaires, de 35 à 40 ans, ayant 2 enfants ?), d'où la technique du redressement (lors du dépouillement).

La *méthode de réalisation* d'un échantillon par quotas est la suivante :

1) définition de la population de référence ; 2) choix des critères descriptifs pertinents de cette population ; 3) détermination du

nombre de critères significatifs déterminants ; 4) détermination de la taille de l'échantillon à interroger ; 5) calcul pour chaque combinaison de critères de la proportion d'observations à effectuer (les quotas) ; 6) sélection sur le terrain des observations à réaliser ; 7) vérification au cours et à la fin de l'enquête que la structure de l'enquête réalisée correspond bien à la structure souhaitée. Dans le cas contraire, il sera indispensable de redresser l'échantillon (voir le dépouillement).

En règle générale, on se réserve une marge de 10 % du nombre d'enquêtes à réaliser pour pallier les non réponses ou les réponses incomplètes.

Exemple de construction d'un échantillon par quotas pour une enquête portant sur un nouveau concept de piscine

Les études préalables ont permis de sélectionner les critères importants suivants : l'achat d'une piscine dépend en priorité du niveau de revenu (CSP du chef de famille), du nombre de personnes au foyer et notamment des enfants et de la région. Bien entendu, il faut habiter en maison individuelle.

La première question portera sur le type d'habitat (question filtre) dans la mesure où le projet ne concerne que le cœur de cible des personnes qui habitent déjà en maison individuelle.

Variable 1 : CSP (information issue de l'étude documentaire)

Habitants en maison individuelle	
Commerçants, chefs d'entreprises	20 %
Cadres	30 %
Autres professions	50 %

Variable 2 : taille du foyer

Inférieur à 2 enfants	40 %
Supérieur à 2 enfants	60 %

Variable 3 : lieu d'habitation

Nord	43 %
Sud	57 %

Il est souhaité de réaliser une enquête sur 200 personnes.

Aussi, les personnes à interroger habitant en maison individuelle seront :

Commerçants	40
Cadres	60
Autres prof	100.........total 200

Foyer > 2 enfants	80	
Foyer < 2 enfants	120	..........total 200
Nord	86	
Sud	114	..........total 200

Il conviendra d'interroger 7 commerçants ayant moins de 2 enfants et habitants dans le Nord.

Catégorie	Enfants	Effectif	Région	Effectif
Com. 20 % = 40	< 2 (40 %)	= 16	N (43 %)	= 7
			S (57 %)	= 9
				16
	> 2 (60 %)	= 24	N (43 %)	= 10
			S (57 %)	= 14
		40		24
Cadres 30 % = 60	< 2	= 24	N	= 10
			S	= 14
	> 2	= 36	N	= 15
			S	= 21
		60		
Autres 50 % = 100	< 2	= 40	N	= 17
			S	= 23
	> 2	= 60	N	= 26
			S	= 34
		100		
	Total	200		200

Il est parfois nécessaire de dépasser de 2 ou 3 le nombree prévu, pour tenir compte des résultats après la virgule.

L'échantillonnage de convenance

Il s'agit de réaliser des enquêtes auprès d'un certain nombre d'individus qui se trouvent dans un lieu donné. Par exemple : un stade, une file d'attente de cinéma, dans le hall d'un théâtre, sur un campus.

L'usage doit en être limité à des enquêtes ponctuelles dans la mesure où la représentativité de la population n'est pas automatiquement assurée. En revanche, on peut penser, a priori, récolter l'avis de personnes très au fait du problème à traiter.

Ex : enquête sur la pratique de location de cassettes vidéo pendant l'attente aux caisses d'un cinéma un soir de sortie d'un « film événement », enquête sur la vente de CD de musique techno dans une boîte techno ou enquête à la sortie d'une école pour la sortie d'un nouveau jeu pour les moins de 8 ans.

Une fois la question de l'échantillonnage résolue, il convient de rédiger le questionnaire.

Deuxième point : le questionnaire

Le questionnaire doit remplir *deux fonctions* : traduire les objectifs de recherche en questions spécifiques auxquelles la personne interrogée pourra répondre et inciter cette personne à coopérer à l'enquête et à fournir les informations correctement. Deux éléments sont à travailler à ce niveau : la construction du questionnaire et le style de la rédaction.

La **construction du questionnaire** répond aux principes suivants pour obtenir une rédaction claire : 1) définir l'objectif du questionnaire (s'agit-il de travailler sur le comportement (possession, connaissance, achat, usage) ou sur les opinions (préférences, satisfaction, besoins par exemple ?) ; 2) énumérer les informations recherchées ; 3) hiérarchiser ces informations par ordre d'importance ; 4) déterminer quel type de question privilégier ; 5) transformer cette hiérarchie en ordre de questionnement en commençant par les questions larges avant d'aborder les questions plus précises.

Construire une arborescence peut aider, comme schématisée par la figure 6.3.

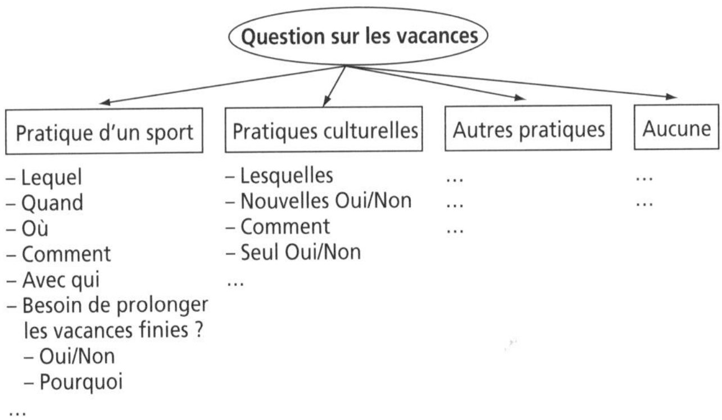

Figure 6.3 – Exemple d'arborescence pour la rédaction d'un questionnaire

La rédaction du questionnaire

La rédaction comprend l'écriture, la formulation des questions et leur ordre.

En ce qui concerne *l'écriture*, un souci méticuleux doit être donné à la rédaction des questions, afin de les coder en fonction des personnes interrogées. La difficulté réside dans le passage des questions « qu'on se pose » aux « questions à poser ». Un questionnaire destiné à des industriels pourra être plus technique qu'un questionnaire destiné au grand public.

Pour être certain que les questions sont bien comprises par les personnes interrogées, qu'il n'y a pas de termes techniques bloquants et que chaque terme a une signification claire, *il est indispensable de tester le questionnaire* auprès d'une population-cible.

Le test du questionnaire-pilote se fait en général sur 4 % du nombre de réponses souhaitées (soit de 10 à 20 questionnaires) dans les conditions normales de l'enquête et de préférence en face-à-face avec un enquêteur. L'objectif principal est de vérifier que la personne interrogée comprend bien les questions, les mots et leur signification sans ambiguïté, que l'ordre des questions ne la surprend pas, que les questions-filtres et les questions-pièges sont disposées au bon endroit. Le questionnaire doit être fluide. Ces questionnaires ne seront pas retenus pour le dépouillement et ces personnes ne seront pas réinterrogées.

Il faut faire très attention à la *formulation des questions.* Il existe différents types de questions qui sont à la disposition du rédacteur, l'objectif étant de les panacher pour faciliter les réponses.

Les questions fermées présentent à la personne interrogée une gamme de réponses pré-formulées qui peuvent être :

- des questions dichotomiques de type oui/non :
  Avez-vous acheté ce produit ? [Oui] [Non]
  Le service proposé vous fait-il gagner du temps ? [Oui] [Non]
- des questions cafétéria où la personne doit choisir entre plusieurs propositions :
  - des questions à choix multiples et à réponse unique (une seule réponse possible) :

L'été dernier, êtes-vous parti en vacances :

à la mer ☐
à la montagne ☐
à la campagne ☐
visiter une ville ☐
autre ☐

– de questions à choix multiples et à réponses multiples (plusieurs réponses possibles)

Pour vos dernières vacances, où êtes-vous parti ?

en France ☐
aux États-Unis ☐
en Europe ☐
ailleurs ☐

Les questions ouvertes demandent une réflexion à la personne interrogée. On distingue les :

- Questions libres qui demandent réflexion :

  Depuis quand pratiquez-vous cette activité ? ....
  Depuis quand possédez-vous ce piano ? ....

- Questions avec échelles d'attitude où la personne note sur une échelle d'intensité sa réponse et son accord.

  Achetez-vous cette marque d'huile de moteur :

tout le temps	*plus souvent que toute autre marque*	*de temps en temps*	*ne sait pas*
☐	☐	☐	☐

  Si une supérette bio ouvrait près de chez vous,

  J'irai toujours *1 2 3 4 5 6 7* je n'irai jamais
  Y faire mes courses y faire mes courses

  Ou

  Échelle à icônes qui permet de visualiser les réponses et évite les erreurs, exemple :

  1 2 3 4 5 6 7
  ☹ ☺

  Ou

Différentiel sémantique (échelle d'Osgood) : la personne interrogée est invitée à donner son avis et se situer sur une échelle de valeur de qualificatifs opposés.
En règle générale, on utilise 7 indicateurs en veillant à ce que les qualificatifs positifs ne soient pas du même côté ce qui entraînerait un biais dans la réponse.

	7	5	3	1	3	5	7	
	Très	*peu*	*pas*	*sans Opinion*	*pas*	*peu*	*très*	
Ancien								*moderne*
Disponible								*pas disponible*
Cher								*pas cher*
Pas élégant								*élégant*
………								

Ou

Échelle de Likert : la personne interrogée est amenée à donner son avis à partir de réponses pré-codées du type :

Pas d'accord du tout	*Plutôt pas D'accord*	*Plutôt d'accord*	*Tout à fait d'accord*
1	*3*	*5*	*7*

Penser à un nombre pair de réponses pré-codées pour éviter les réponses « banales » de la position médiane. De plus, la position (à droite ou à gauche de l'échelle) des « pas d'accord » ou « tout à fait d'accord » peut influencer les réponses.

Les questions filtres : au début d'un questionnaire, elles permettent de situer la personne et d'orienter la suite du déroulement du questionnaire sur une partie particulière, en référence à l'arborescence construite.

Question 2 : *Êtes-vous allé au cinéma récemment ?*

| *Oui* | | *non* |

Si oui, passer à la question 3 ; si non, allez à la question 8

Les questions pièges visent à contrôler les réponses faites et leur réalité. Ce contrôle peut être réalisé par le biais de questions dichotomiques, à choix multiples ou ouvertes. Elles servent à éviter les réponses-fuites, les réactions de prestige et les réponses positivantes.

Allez-vous régulièrement au cinéma ? Oui ☐ Non ☐

si oui :

À quelle fréquence ?

une fois par semaine ☐

moins souvent ☐

deux fois par semaine ☐

plus souvent ☐

Pouvez-vous me citer le dernier film que vous êtes allé voir cette semaine ? ....

Si le travail est confié à un enquêteur, penser à lui faciliter le travail en visualisant les questions et les enchaînements (si réponse oui, passer à la question...), laisser des espaces libres pour les prises de réponses. Une colonne à droite est attribuée aux codifications pour le dépouillement.

Codifier toutes les réponses, prévoir un code pour les non-réponses, aérer le questionnaire, identifier chaque questionnaire par un numéro d'ordre et noter le lieu, l'heure et le lieu de l'enquête.

L'ordre des questions

Il est important et il convient de commencer par les plus générales pour impliquer le répondant et terminer par les spécifiques en respectant la façon de penser de la personne interrogée. On aura donc : 1) les questions de prise de contact pour intéresser ; 2) les questions de mise en situation pour préparer les questions suivantes ; 3) les questions de mémorisation, questions-pièges et questions difficiles ensuite ; 4) les renseignements sur la personne au travers d'une fiche signalétique en fin de questionnaire. Ne demander que des renseignements importants pour l'étude et le dépouillement et jamais indiscrets.

En résumé

– Le codage des réponses doit couvrir tout le champ des comportements et opinions dans le cas de questions à réponses multiples.
– Un seul sujet doit être abordé par question : ne chercher à mesurer qu'une seule dimension à la fois : « Avez-vous entendu dernièrement de la publicité pour les banques à la radio ? » (deux interrogations dans la même question).
– Éviter les questions qui demandent un grand effort de mémoire à la personne interrogée : « Combien de lait pensez-vous que les enfants consomment par semaine en France ? » (demande trop de précision) ; « Quelle émission de télévision avez-vous regardé à 20h30 le..., c'est-à-dire il y a 18 jours ? ».
– Proscrire les doubles négations difficiles à comprendre.
– Préférer les formulations neutres, c'est-à-dire proscrire les « leading questions » qui contiennent une suggestion et provoquent une réponse induite, du type « ne pensez-vous pas qu'il serait préférable de... ».
– Laisser toujours une possibilité de réponse : « autre » ou « ne sait pas ».
– Bien formuler les échelles d'intensité ou de notation (entre 1 et 10 tous les 2 ne donne pas la même sensation que tous les 5 entre 1 et 25).
– Penser et choisir des formulations positives ou négatives.
– Proscrire les mots « sensibles » (mort, guerre...).
– Éviter les mots et le jargon techniques.
– Éviter les questions ambiguës : « Quelle marque de lessive achetez-vous régulièrement ? » (que signifie régulièrement ?). Il est préférable de formuler « Quelle est la dernière marque de lessive que vous avez achetée ? ». Les termes suffisant, valable, fréquent, agréable, etc. sont également à éviter.
– Ne pas changer brusquement de thème en cours de questionnaire mais assurer des passages progressifs pour éviter les blocages et les refus de réponse.
– Éviter de faire voisiner des questions trop proches les unes des autres mais s'en servir comme questions-filtres.
– Bannir les questions trop longues et pas assez claires : « Quels agrumes préférez-vous ? » (terme compliqué) ; « À quelle CSP appartenez-vous ? » (jargon professionnel pas clair pour tout le monde).

Si le créateur est isolé et souhaite se faire aider, il peut avoir recours à des sociétés proposant ce type de service à des prix abordables. On peut citer :

- Perspective 123, *www.perspective.com*, qui propose d'héberger des questionnaires en ligne mais aussi de réaliser des questionnaires simples comme par exemple des questionnaires express.
- Creatests, *www.creatests.com*, réalise des enquêtes et fournit des exemples-tests sur son site (exemple de prix : entre 49 et 89 €). Certains résultats d'études sont gratuits.

Troisième point : l'administration

L'interrogation (ou administration) peut se réaliser de différentes façons. Elle dépend du type de questions posées, de la population à interroger, du budget et du délai à y consacrer.

Une enquête B to B privilégiera a priori une enquête auprès de 30 dirigeants en face-à-face. La seconde solution est de les interroger par téléphone, individuellement ou par Delphi.

L'enquête à domicile

Ces enquêtes sont principalement utilisées auprès des ménages ou en milieu industriel dans les entreprises.

L'enquêteur doit se rendre à domicile, créer une ambiance favorable, ne jamais indiquer le nom de son client et obtenir des réponses à toutes les questions en affichant un comportement de neutralité bienveillante. Il doit confirmer par téléphone ou par lettre son rendez-vous avec la personne à interroger, ce qui augmente le prix.

Tableau 6.2 – Avantages et inconvénients de l'enquête à domicile

Avantages	*Inconvénients*
Grand nombre de questions possible	Coût élevé
Possibilité de faire préciser les réponses	Formation des enquêteurs
Possibilité d'essais, de dégustation, de test	
Possibilité de vérifier au domicile (factures,...)	Mauvaises réponses orales même de bonne foi ou par volonté de cacher la réalité
Possibilité de questions ouvertes et fermées	
Échantillon représentatif	
Bonnes conditions matérielles de réalisation	Prise de rendez-vous obligatoire

Un enquêteur peut réaliser entre 4 et 6 enquêtes à domicile par jour en moyenne, soit 80 à 120 par mois environ pour un coût-enquêteur de 3 000 € soit 25 à 40 € par questionnaire (ces tarifs sont indicatifs, car ils ne sont pas facilement accessibles et sont négociables).

Une variante existe, le questionnaire « en caravane » ou en face-à-face, en salle, dont nous donnons ci-après les avantages et les inconvénients.

Tableau 6.3 – Avantages et inconvénients du questionnaire « en caravane »

Avantages	*Inconvénients*
Possibilité de mise en situation	Réticence des personnes à se faire interroger
Rapidité d'exécution	Coût
Longueur du questionnaire	
Questions ouvertes et précision des réponses possibles	

L'enquête dans la rue

La rue n'est pas neutre (près d'une école, de la mairie, ou sortie de métro, etc.), de même que l'heure et les conditions météorologiques.

L'enquêteur se positionne à un point fixe de la rue, bien identifiable et interroge tous les x personnes. Il les aborde de face et leur demande leur accord pour répondre à quelques questions. Pour réaliser l'enquête, repérer un endroit un peu à l'écart du passage pour interroger la personne arrêtée dans les meilleures conditions.

Tableau 6.4 – Avantages et inconvénients de l'enquête dans la rue

Avantages	*Inconvénients*
Grand nombre de personnes touchées	Difficulté d'aborder les gens
Rapidité	Questionnaire court
Économique	Beaucoup de questions fermées
Questions sur les achats, les pratiques	Champ de questions limité
	Représentativité de l'échantillon
Réponses immédiates sans appel à la mémoire	Conditions matérielles difficiles

En coin de rue ou sur les points de vente, un enquêteur peut en effectuer 80 par jour, ce qui ramène le coût de l'enquête à environ 1,5 à 2 €.

Une variante est le questionnaire en sortie de caisse dans les centres commerciaux, grandes surfaces et galeries marchandes.

Tableau 6.5 – Avantages et inconvénients du questionnaire en sortie de caisse

Avantages	*Inconvénients*
Présentation possible du produit	Questionnaire court
Vérification des achats immédiats	Conditions matérielles difficiles

L'enquête téléphonique

Tirage au sort des communes et dans ces communes faire appel à la base de sondage.

L'enquêteur doit se présenter, parler distinctement et d'une voix calme pour poser les questions et prendre les réponses rapidement.

Tableau 6.6 – Avantages et inconvénients de l'enquête téléphonique

Avantages	*Inconvénients*
Cible large	Questionnaire court indispensable
Rapide	Ne permet pas de montrer des produits
Économique	Lassitude des personnes interrogées
Cible disséminée géographiquement	Formation des enquêteurs
	Représentativité limitée en fonction des heures de l'enquête
Plages horaires	Nécessite une question-filtre en entrée pour vérifier que la personne est bien concernée
	Vérification des réponses impossibles

Attention à ne pas lasser la personne au téléphone, avec plusieurs questions du type :

Question : le service de votre garage est rendu plus rapidement depuis quatre mois, diriez-vous que vous êtes : Tout à fait d'accord/Plutôt d'accord/Peu d'accord/Pas d'accord/Sans opinion.

Une variante est le *questionnaire téléphonique assisté par ordinateur* (CATI : computer-aided telephone interview). Elle se fait par utilisation d'un questionnaire informatisé administré par ordinateur où les réponses sont enregistrées directement. Des logiciels permettent de générer automatiquement les questions et tient compte des réponses déjà émises. Il compose les numéros de téléphone et relance automatiquement en cas d'absence, tout en contrôlant les quotas.

La société Soft-concept offre de telles solutions *www.soft-concept.com*, ainsi que *sondenet.com*, ou *GFK.com.*

Tableau 6.7 – *Avantages et inconvénients du questionnaire téléphonique assisté par ordinateur*

Avantages	*Inconvénients*
Côté pratique	Coût élevé
	Aspect stéréotypé du questionnaire
	Questionnement limité et faible nombre de questions (environ 10)
	Accueil parfois difficile par les personnes interrogées

L'enquête postale ou auto-administrée

La personne interrogée se trouve seule pour remplir le questionnaire, d'où il est nécessaire de fournir des indications précises pour qu'elle réponde correctement.

Tableau 6.8 – *Avantages et inconvénients de l'enquête postale ou auto-administrée*

Avantages	*Inconvénients*
Cible large	Taux de réponse faible (entre 3 et 10 % souvent)
Permet de mesurer le taux de réponse	Coût des relances
Liberté de réponse	Constitution de l'échantillon
Longueur du questionnaire	Taille de l'échantillon réduite
	Questions simples
	Risque de réponses incomplètes
	Délai de réponse
	Vérification impossible des réponses

Le coût moyen pour un questionnaire postal est de 3 €, soit une lettre circulaire avec argumentation et incitation à répondre, un questionnaire bien imprimé, 2 enveloppes et 2 timbres dont un pour la réponse (ou enveloppe T avec port payé).

Mais ce coût s'élève à 30 € par réponse utile si on considère que le nombre de réponses est de 10 %, ce qui est un taux relativement élevé pour ce type de questionnaire.

Une variante est le **questionnaire télématique**, c'est-à-dire par Internet. Le répondant répond directement sur l'écran en temps réel (ou presque).

Tableau 6.9 – Avantages et inconvénients du questionnaire télématique

Avantages	*Inconvénients*
Rapidité	Questionnaire assez court
Coût	
Questions ciblées et précises	Faible taux de réponse
Présentation de schémas possible	
Interactivité	Questions ouvertes limitées
Programme auto-contrôlant (l'erreur de réponse ou l'oubli sont signalés au répondant en direct)	Mauvaises manipulations du clavier

Une autre variante est le *questionnaire assisté par ordinateur* (CAPI : computer-aided personal interview). Dans les salons, foires, expositions, des bornes électroniques peuvent être installées sur lesquelles les répondants sont invités à fournir leurs avis, avec l'assistance d'un enquêteur.

Cette même technique existe à partir d'ordinateurs portables (avec écran tactile), et permet de montrer des logos, des bandes annonce ou de faire écouter des enregistrements audio.

Tableau 6.10 – Avantages et inconvénients du questionnaire assisté par ordinateur

Avantages	*Inconvénients*
Permet des questionnaires très ciblés	Coût élevé
Très techniques	Représentativité limitée
Rapidité de traitement	Personnes averties
Réponses spontanées	

Un cas particulier, les enquêtes B to B

Il convient de déterminer la bonne personne à interroger : est-elle décideur ? acheteur ? utilisateur ? conseiller ?

Bien souvent, une pré-enquête rapide par téléphone est nécessaire pour repérer les fonctions de chacun avant de réaliser un questionnaire en face-à-face ou auto-administré.

Le temps consacré à l'enquête doit être court, ce qui oblige auparavant une rédaction et un test très sérieux du questionnaire. En milieu industriel, une enquête de 40 à 100 questionnaires fermés ou semi-fermés de 15/20 minutes par téléphone peut coûter entre 7 000 et 40 000 €.

Le questionnaire administré, son dépouillement s'impose.

Quatrième point : le dépouillement des résultats

Avant le dépouillement proprement dit des réponses aux questions, une **première vérification** s'impose qui consiste à vérifier la qualité des réponses obtenues dans chaque questionnaire.

Si certains semblent apporter des réponses incomplètes ou difficilement exploitables, ils seront rejetés. Par exemple : proportion répondue à plusieurs questions extrêmement faible (ou élevée) par rapport à la fréquence observée dans la population totale, s'agit-il d'une erreur dans la réponse ou dans la saisie ?

La **seconde vérification** concerne le nombre de questionnaires recueillis par rapport au nombre souhaité. Si les deux nombres sont différents, on procédera au redressement de l'échantillon.

Lors du dépouillement, le *redressement de l'échantillon* consiste à réduire l'erreur d'échantillonnage, en corrigeant l'écart entre l'échantillon souhaité et l'échantillon effectivement interrogé, par le calcul d'un coefficient de redressement.

Tableau 6.11 – Exemples de redressement de l'échantillon

Entreprises	10-50 salariés	51-100 salariés	101-200 salariés	Total
Échantillon souhaité	35	40	25	100
Échantillon réalisé	33	40	27	100
Coefficient de redressement	35/33 = 1,06	1	0,92	

Les réponses des entreprises de 10 à 50 salariés seront multipliées par 1,06 et donc augmentées, celles des entreprises de 51 à 100 salariés ne seront pas modifiées et celles des entreprises de 101 à 200 salariés seront multipliées par 0,92 et donc réduites.

Le dépouillement proprement dit

Pour un nombre réduit de questionnaires à exploiter (jusqu'à une centaine), le dépouillement manuel est envisageable et plus rapide qu'avec un programme informatique non maîtrisé.

On peut préparer des tableaux de dépouillement, à double entrée. Les lignes reprennent les questions numérotées de 1 à *n* et les colonnes les réponses apportées par les répondants.

Tableau 6.12 – Exemple de tableau de dépouillement

Question	Oui	Non	Nsp	.....	.....	.....	.....	
1								
2								
21								
3								

On remplit ce tableau en indiquant soit les réponses codées, soit le nombre de réponses avec des bâtons ou les réponses en valeur (prix, fréquence de sorties au cinéma, etc.).

Ou encore, le plus simple est de dénombrer les réponses avec des bâtons sur un questionnaire vierge.

Exemple de dépouillement par bâtons

Question 10 – Cette année, êtes-vous parti en vacances ?

	Oui	Non	
	IIIIIIIIIIIIIIII	IIII	
	16	4	Total 20
Si oui, où êtes-vous allé ?	si non, aller à la question 18		
Mer	IIIIIIIII		
Montagne	II		
Campagne	III		
Visiter une ville	II		

Cette méthode permettra d'effectuer des traitements statistiques simples, du type tri à plat sous la forme de pourcentages, moyennes et fréquences.

Il est aussi possible de visualiser les réponses, comme l'indique la figure 6.4.

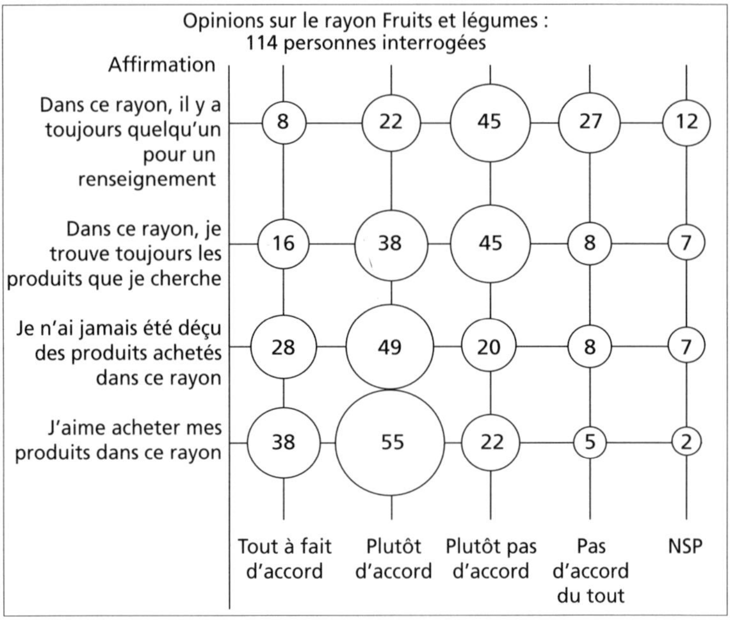

Figure 6.4 – Représentation d'un tableau de deux variables

Pour les réponses qualitatives ou ouvertes, il faut coder avec un chiffre les réponses.

Exemple de dépouillement par codage avec chiffre

Exemple : Question sur les prix et la gestion du budget familial.
Codage de 1 à 10 signifiant 1 : économique à 10 : coûteux
Exemple de codage pour les questions fermées :
Réponses
Oui : code 1
Non : code 2
NSP : code 3 (ou 5)
Exemple de codage pour les réponses aux QCMRU (questions à choix multiples et réponses uniques)
Codage de la question 3 : Venu avec qui ?
Seul : 1
Ami : 2
Famille : 3
Collègue : 4
Non réponse : 9
Codage de la question 4 : Intérêt du film ?
Très intéressant : 1
Assez : 2
Peu : 3
Pas du tout : 4
Non réponse : 9
Codage de l'âge : de 18 à 98
Codage du sexe : Masculin 1 Féminin : 2

Il existe des programmes d'aide au dépouillement des questionnaires.

Les logiciels sont utiles lorsqu'ils permettent de présenter le questionnaire et d'effectuer le dépouillement en rentrant les réponses directement à l'écran. Ils dénombrent les effectifs et calculent les pourcentages, moyennes, médianes et autres valeurs statistiques (écart-types, valeur du chi deux et réalisent des tableaux de tris croisés).

Les logiciels américains, SPSS, SAS, BMDP, ou français, PCSM, Eole, sont anciens, performants mais lourds et compliqués à utiliser. Sphinx, Interviewer ou Modalisa sont plus simples d'utilisation[1].

1. On peut également faire appel à Grimmer Logiciels (traitement statistique des données), Sirius Team (création d'enquêtes et de sondages), Soft Concept (enquêtes et diffusion de questionnaires

En fonction du secteur du projet de création, du niveau de connaissance du créateur des techniques d'enquête et de dépouillement, il peut être fait appel à une société d'études.

Faire appel à une petite entreprise spécialisée est souvent préférable pour un créateur qui pourra discuter à égalité et ne sera pas perdu comme dans une grosse structure. Les coûts seront également plus faibles.

Les types de dépouillement, tri total, tri filtré, tri à plat, tris croisés

On peut dépouiller toutes les réponses (**tri total**) ou se concentrer sur une partie des répondants (femmes, personnes allant déménager dans les trois mois, etc.) et le **tri sera filtré**.

Pour **le tri à plat**, on dénombre les réponses obtenues et les fréquences des réponses, d'où on tire des pourcentages.

Exemple de tri à plat pour la question « avez-vous été au cinéma cette semaine ? »

Réponse	Nombre de réponses	Fréquence (%)
Oui	229	66
Non	99	29
Non-réponse	18	5
	346	100

sur Internet ou Intranet) et Telor Informatique (questionnaires et sondages en ligne, système de vote électronique).
STAT XP est un logiciel intégré de traitement de données d'enquête et de sondage (entièrement interfaçé avec SPSS et SAS). Très utile dans les gros volumes à traiter et pour l'analyse des données (ACP, etc.). Modalisa est un programme complet qui permet la création et le traitement des questionnaires.
www.modalisa.com
Question Mark propose une série de logiciels de création de questions.
www.qmark.com/fr

Les tris croisés permettent de rechercher les corrélations, c'est-à-dire de trouver une relation entre deux variables (corrélation simple) ou entre plusieurs variables (corrélations multiples), comme le montre la figure 6.5.

Question 3 croisée par question 14.
Tri croisé :

Variable expliquée : comportement d'écoute..

	Non-réponse	*Aucune*	*Toutes*	*Ant. 74*	*Contrebande*	*Sud-Est*	*Alpes Info*	*Des Rives*	*Shining*	*Semnoz*	*Nessy*	*Couleurs 3*	*France Lyon*	*Autre*	*Total*
Non-réponse	11	9	0	3	0	0	1	0	0	0	0	0	0	0	24
– 15 ans	0	11	0	21	1	22	9	2	4	3	0	2	0	1	76
15-20 ans	2	15	7	29	13	55	7	6	15	4	2	8	0	2	165
20-30 ans	8	71	9	92	41	83	35	7	15	6	4	17	3	4	395
30-40 ans	16	85	11	119	13	45	42	7	6	12	9	6	1	5	377
40-50 ans	10	71	6	72	6	26	33	3	5	15	13	1	1	2	264
50-60 ans	11	74	4	63	0	10	29	1	4	15	9	1	0	0	221
+ 60 ans	35	177	8	49	2	5	23	1	6	14	17	3	0	4	344
Total	93	513	45	448	76	246	179	27	55	69	54	38	5	18	1 866

448 auditeurs écoutaient Ant. 74

6 auditeurs entre 30 et 40 ans écoutaient Shining

Parmi les personnes interrogées, 395 avaient entre 20 et 30 ans

Figure 6.5 – Tri croisé des émissions de TV en fonction de l'âge du téléspectateur

D'après P. Amerein, Études de marché, Nathan, 1996.

On peut ensuite visualiser les résultats par des *diagrammes* en *secteurs* (camemberts) ou en *bâtons* (histogrammes).

On peut également choisir de visualiser, décrire et expliquer les résultats à l'aide de *cartes*, via des **analyses factorielles**.

Dans ce cas, il s'agit de procédés géométriques fondés sur une réduction des dimensions du départ et qui visent à mettre en avant les facteurs qui ont le plus de chance d'être significatifs sans être redondants. Il existe l'ACP ou analyse en composantes principales pour représenter des tableaux de valeurs. Elle permet de simplifier les données brutes récupérées, de les structurer pour les interpréter. Une carte factorielle sera dressée où les répondants se répartiront à partir de 2 axes significatifs. L'AFC ou analyse factorielle des correspondances permet de représenter des variables qualitatives. Cette technique est similaire mais demande comme la précédante une explication synthétique et claire de la part de ses réalisateurs.

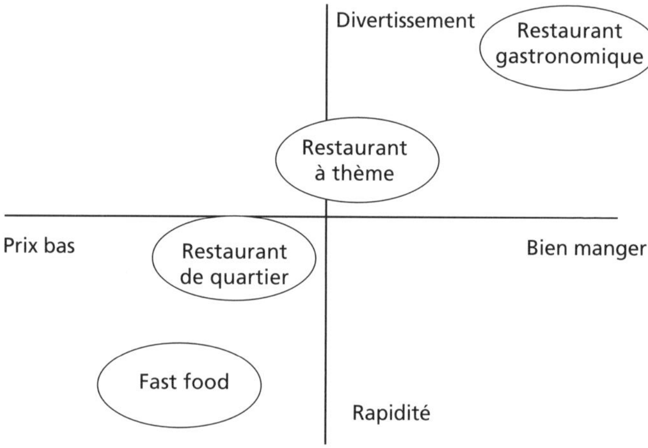

Figure 6.6 – Carte perceptuelle : la restauration vue par les étudiants parisiens

Il est important de préciser que, par la méthode des sondages, il convient également d'envisager trois hypothèses de CA, même si tous les calculs financiers du BP ne font ensuite référence qu'à l'hypothèse réaliste.

Autres possibilités

Si le créateur ne cherche à vérifier qu'un nombre limité de paramètres car son étude de compréhension est bien réalisée, il peut faire appel aux solutions suivantes :

– l'enquête par souscription (omnibus),
– des tests supplémentaires limités.

L'enquête omnibus

Le principe est d'intégrer ses propres questions à celles d'autres entreprises à la condition de faire appel à la même cible, comme les rames d'un omnibus. Il s'agit d'enquêtes périodiques (hebdomadaires ou mensuelles) réalisées par des sociétés d'études (Tns-Sofres ou d'autres) pour le compte de plusieurs clients simultanément.

Les traitements sont simples et rapides donc peu coûteux. En règle générale, le délai de réponse varie de 1 à 2 jours pour une enquête dans la rue, à 3 à 4 jours pour une enquête téléphonique et 2 à 3 semaines pour des enquêtes à domicile.

Ces enquêtes sont réalisées soit en face-à-face dans la rue soit par téléphone. Elles concernent le plus souvent le grand public et les produits de consommation.

Les questions sont fermées ou semi-fermées et leur nombre est d'environ une dizaine.

L'avantage essentiel est d'obtenir une petite étude « sur mesure » pour un coût limité. Son coût varie de 300 à 2 500 € la question.

Coût de la question fermée dans une enquête omnibus téléphonique pour 500 personnes : environ 800 à 1 000 €.

Coût de la question fermée dans une enquête omnibus télématique pour 1 000 personnes : environ 1 300 €.

Toute question ouverte entraîne un surcoût d'environ 30 %.

Cette pratique peut être intéressante pour un créateur qui cherche à valider seulement un nombre très limité de paramètres, l'étude de compréhension étant par ailleurs suffisante.

Des tests supplémentaires imités

Ils peuvent concerner le nom ou le packaging ainsi qi que le prix si il n'a pas été suffisamment délimité auparavant.

Les **tests de produit, de nom et de packaging** *peuvent se dérouler de la manière suivante*, en individuel ou collectif, de préférence en face-à-face : test « en aveugle » (marques cachées) et notation par rapport à d'autres produits de même nature ; ou test de discrimination avec classement par ordre d'importance décroissant.

Pour les noms, seront testées l'évocation des noms, leur facilité de mémorisation, leur originalité, leur prononciation et leur utilisation dans plusieurs pays.

Les **tests de prix** visent à préciser, y compris de manière très fine, le niveau d'un prix ou la fourchette de prix acceptable par la cible. Il peut être fait appel au *calcul du « prix psychologique »*.

Cela consiste à interroger un échantillon de clients sur le prix minimal et le prix maximal qu'ils sont prêts à payer pour se procurer le produit ou service proposé. Les questions à poser sont : *Au-dessous de quel prix n'achèteriez-vous pas ce produit ? et Au-dessus de quel prix n'accepteriez-vous plus d'acheter ce produit ?* en fournissant une échelle de prix aux répondants.

Déterminer le **prix psychologique** correspond à définir le prix auquel correspond la plus forte demande en volume, comme le montre la figure 6.7.

Prix de vente	Réponses Prix mini	Soit en %	Cumul % décroissant (A)	Réponses prix maxi	soit en %	Cumul % croissant (B)	Acheteurs potentiels 100 – (A + B)
3	100	20	100	0	0	↓ 0	0
4	115	23	80	0	0	0	20 %
5	195	39	57	40	8	18	35 %
6	55	11	18	50	10	34	64 %
7	25	5	7	80	16	59	59 %
8	10	2	2	125	25	95	39 %
9	0	0	0	180	36	100	5 %
10	0	0	↑ 0	25	5		0 %
	500	100			100		

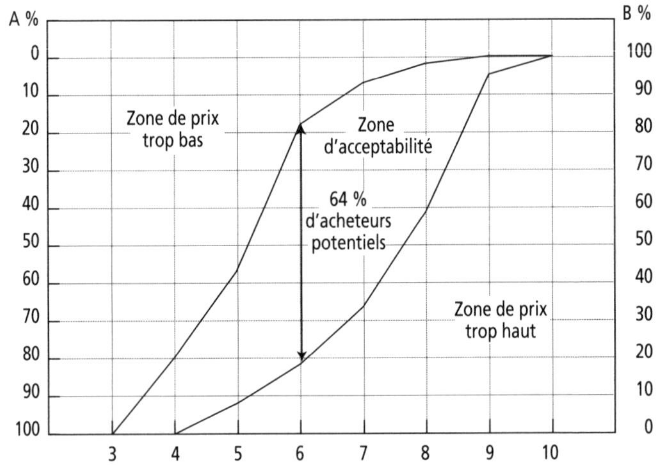

Figure 6.7 – Calcul de prix psychologique (enquête auprès de 500 personnes sur le prix d'un nouveau magazine hebdomadaire)

Pour conclure

L'étape de quantification vise à calculer un chiffre d'affaires prévisionnel pour la nouvelle entreprise, décliné en trois hypothèses : réaliste, pessimiste et optimiste.

☞

Lorsque le chiffre d'affaires provient de plusieurs sources, il est préférable de les calculer séparement puis d'en faire la somme
Projet B to B
CA des PME de 250/300 salariés ....
CA des PME de 300/350 salariés.....
CA des Pme de + 350 salariés ....
Total __________

Ce calcul permet de commencer à prévoir le lancement de l'entreprise en termes de moyens à mettre en œuvre. La relation chiffre d'affaires/moyens sera analysée et travaillée ensuite dans la partie financière du BP.

Il reste à présent au créateur d'exploiter toutes ces données pour définir et proposer son offre définitive pour le jour « J ».

3

Exploiter son étude de marché : lancer et développer son entreprise

Une fois l'étude de marché réalisée ainsi que le chiffrage des ventes, le créateur doit maintenant exploiter ces éléments pour construire son offre définitive. Par offre définitive, on entend son positionnement et l'organisation des moyens nécessaires pour réaliser les ventes attendues.

Étude de marché

▼

Hypothèses de chiffre d'affaires

▼

Lancement

▼

Développement de la jeune entreprise

Chapitre 7
Organiser le lancement

Organiser le lancement renvoie à la définition de l'offre définitive destinée au marché-cible visé ainsi que celle de son positionnement (Business Model). Cela signifie aussi la mise en œuvre cohérente des éléments de l'action commerciale qu'il conviendra de contrôler périodiquement sans oublier d'envisager le développement de la jeune entreprise, comme le montre la figure 7.1.

DÉFINITION DES OBJECTIFS
Caractéristiques de l'offre définitive
Marché-cible, positionnement
Business Model
▼
RAPPEL DU POTENTIEL DES VENTES ET SCÉNARIO
▼
ACTION COMMERCIALE et
PLANIFICATION DES MOYENS
Marketing-mix
ligne de produits/services, prix, distribution,
personnel en contact, communication
▼
CONTRÔLE des résultats
et RÉÉVALUATION
▼
DÉVELOPPEMENT SUR 3 ANS

Figure 7.1 – Étapes de l'étude de marché au développement de la jeune entreprise

La synthèse des informations obtenues lors des étapes de l'étude de marché va permettre de confirmer le Business Model : on vend quoi ? à qui ? à quel Prix ?

Le rappel des CPM de départ mettra en lumière le futur de l'entreprise.

On a déjà signalé qu'en phase de démarrage, il est plus raisonnable de ne s'attaquer qu'à un nombre restreint de couples produit-marché (CPM), voire un seul, pour y concentrer tous ses efforts.

Partant toujours du principe qu'il est impossible de satisfaire toutes les demandes, le créateur, aidé par des avis d'experts doit hiérarchiser les FCS afin de choisir celui (ou ceux) qu'il souhaite et peut satisfaire et ce, dans une zone géographique donnée et pour un groupe de clients donné.

Une fiche récapitulative peut aider à visualiser les réflexions précédentes.

Fiche : Synthèse et choix de marché-cible

Segment :			Atouts du projet	Faiblesses du projet
FCS actuels –	N° 1	...		X
	N° 2	...	X	
	N° 3			
FCS futurs –	N° 1			
	N° 2			
	N° 3			

À partir du cœur de la cible attaqué à court terme, le créateur envisagera ainsi d'élargir sa clientèle.

Le **cœur de cible** correspond aux clients déjà conquis par l'offre de la nouvelle entreprise (lors de la phase d'enquête terrain) ou par une offre similaire proposée par la concurrence.

L'action commerciale permettra de prendre des parts de marché sur la concurrence.

La **cible immédiate** correspond aux clients qui sont proches de passer à l'achat de l'offre proposée ou d'une offre similaire concurrente. Une autre action commerciale sera utile pour définitivement les convaincre et les décider.

La **cible élargie** correspond à l'ensemble de la population du CPM, c'est-à-dire des clients occasionnels ou lointains. Elle ne sera pas touchable dans la phase de démarrage car elle requiert une action commerciale de longue haleine donc coûteuse. Elle sera peut-être envisagée dans la phase de développement de la jeune entreprise.

Exemple

Soit une entreprise désirant commercialiser un système d'épilation à la cire, son cœur de cible correspondra à toutes les femmes qui s'épilent actuellement à la cire et désireuses de tester ce nouveau système ; sa cible immédiate comprendra l'ensemble des femmes qui s'épilent avec un autre moyen que la cire (rasoir, système électrique ou autre).

Enfin, la cible élargie regroupera l'ensemble des femmes qui ne s'épilent pas ou très rarement dans l'immédiat.

Mais cette limitation volontaire des ambitions du créateur ne doit pas faire oublier les perspectives futures de développement au-delà du CPM de démarrage qui assureront sa pérennité, et qui feront l'objet du dernier paragraphe de son BP.

Positionner stratégiquement son offre

Le positionnement correspond au choix de l'offre qui sera faite par rapport aux concurrents déjà implantés. *Le positionnement se conçoit par rapport aux FCS* (facteurs-clés de succès) les plus recherchés par la cible visée. Ils sont normalement aussi ceux que la concurrence a repérés et sur lesquels elle communique. Deux solutions sont possibles.

Première solution : se positionner comme un des concurrents principaux si on possède (ou si on souhaite posséder) des caractéristiques similaires en termes de produit/service offert, de prix, de taux de croissance, de cible visée ou de volume de chiffre d'affaires (le repérage est possible grâce à l'étude concurrentielle réalisée en amont, et notamment la figure 4.3, p. 107).

Dans ce cas et dans un secteur concurrentiel, il est important de se doter d'une image qui différencie l'offre par rapport à celles de la concurrence et à celles des offres voisines ou substituables.

Deuxième solution : se positionner radicalement différemment de la concurrence pour jouer l'effet surprise, surtout dans le cas d'un projet push. L'avantage principal est d'être seul momentanément sur ce segment de marché. En revanche, des inconvénients existent. Bien étudier si dans un passé récent une autre entreprise n'a pas fait le même choix qui s'est soldé par l'abandon de ce segment.

Cela signifie qu'il existe souvent de bonnes raisons pour qu'un créneau soit inexploité sur un marché mature ou en développement, comme l'absence de clientèle suffisante ou solvable, l'existence de nombreux produits ou services de substitution satisfaisant pleinement la clientèle ou une rentabilité très basse sur ce segment.

Une fois les objectifs définis, les atteindre demandera la mise en œuvre d'une action commerciale complète et cohérente, reliée aux scénarios de chiffre d'affaires calculés.

☞

> Partir du scénario réaliste et organiser son marketing-mix. Puis, dans un second temps, évaluer les différences avec les autres scénarios et choisir la situation la meilleure.

Le couplage idéal entre chiffre d'affaires et moyens à mettre en œuvre nécessitera des aller et retour et des ajustements (diminution de certaines charges, augmentation éventuelle d'une partie du chiffre d'affaires).

Organiser la stratégie de lancement et l'action commerciale

Préparer le lancement pour que tout soit prêt le jour J du démarrage peut se définir à partir d'un planning temporel, schématisé par la figure 7.2.

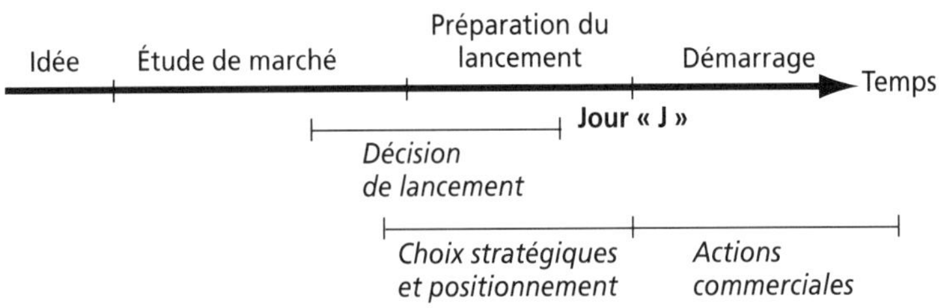

Figure 7.2 – Temporalité de la création d'entreprise

La question qui se pose maintenant est la suivante : *comment vendre*, après avoir répondu à *que vendre* et *à qui* ?

L'action commerciale se définit par la mise en œuvre de tous les moyens qui permettront de proposer l'offre définitive aux clients (tableau 7.1).

Tableau 7.1 – Répartition des actions marketing en fonction des 4 P (Produit, Prix, Place ou Distribution, Promotion)

Produit	*Distribution*	*Promotion*	*Prix*
Qualités	Canaux de distribution	Publicité	Niveau de prix
Caractéristiques et performances	Zones de chalandise	Force de vente	Remise
Style	Points de vente	Promotion	Rabais
Marque	Secteurs de vente	Relations publiques	Conditions de crédit
Conditionnement	Stocks et entrepôts	Publicité gratuite	
Gamme			
Garantie			
Service après-vente			
Autres services			

Chaque produit ou service suit différentes phases qui vont de son apparition à sa disparition, comme le rappelle la figure 7.3.

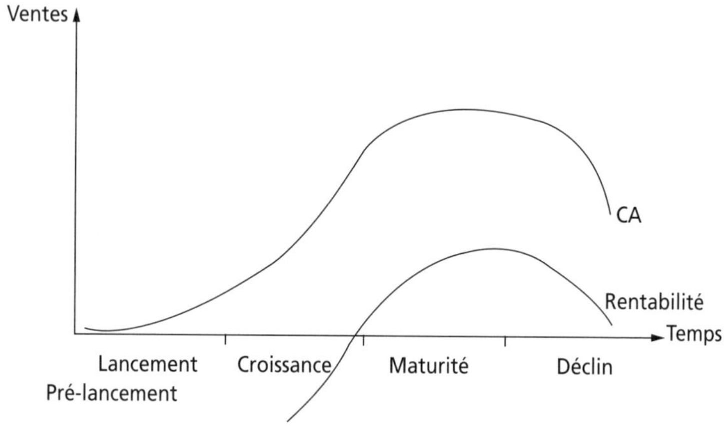

Figure 7.3 – Phases du cycle de vie d'un produit ou d'un service

Construire la courbe de vie d'un produit est délicat et son utilisation est finalement limitée. Elle permet néanmoins de visualiser le passé d'un produit mais son utilisation et sa construction sont plus restreintes pour évoquer le potentiel du marché.

Cette courbe s'avère quasi impossible à construire pour les produits ou services très innovants.

Chaque action commerciale renvoie au marketing-mix, c'est-à-dire à l'ensemble des moyens dont dispose l'entreprise pour atteindre sa cible, en fonction de la concurrence et de la stratégie du créateur (tableau 7.2).

Tableau 7.2 – Éléments du marketing-mix : les 4 « P »

	Lancement	*Croissance*	*Maturité*	*Déclin*
Demande	Croissance lente	Croissance rapide	Stabilité	Baisse
Concurrence	Effet de surprise possible	Forte	Concentration, guerre des prix	Désengagement de certains concurrents
Objectifs	Développement des ventes mais résultat négatif	Développement de nouveaux marchés et augmentation des parts de marché, rentabilité faible	Différenciation des produits-services, rentabilité forte	Maintien sur les CPM rentables, rentabilité soutenue
Politique Produit/ Service	Préparation du lancement (le faire connaître et accepter par les distributeurs)	Aucune modification majeure	Modification pour relancer les ventes : qualité, service, etc.	Pas de change-ment (contrôle et organiser la fin de la vie du produit/service)
Politique Prix	Définition du niveau de prix	Maintien du prix ou baisse légère	Modification pour répondre aux actions des concurrents	Promotions et baisse des prix
Politique Distribution	Mise en place de l'offre et formation des vendeurs	Extension du nombre des points de vente	Aucune modifi-cation majeure, stimulation des vendeurs	Abandon de certains points de vente, formation des vendeurs sur la/les nouvelle(s) offre(s)
Politique Communica-tion	Investissements pour faire connaître l'offre et l'entreprise	Maintien des investissements	Communication d'entretien	Communication sur les promo-tions

La politique de produit/service

Le produit ou service doit apporter un « plus » aux clients, c'est-à-dire représenter une valeur à ses yeux.

Les règles d'or du « value marketing » :

Performance
Information
Plus produit
Garantie
Prix
Fidélité

La **valeur perçue** est celle qui optimise la satisfaction du client et ensuite sa fidélité. La **valeur délivrée** peut se résumer comme la résultante de la confrontation entre la valeur totale perçue par le client et le prix perçu par le client comme le montre la figure 7.4.

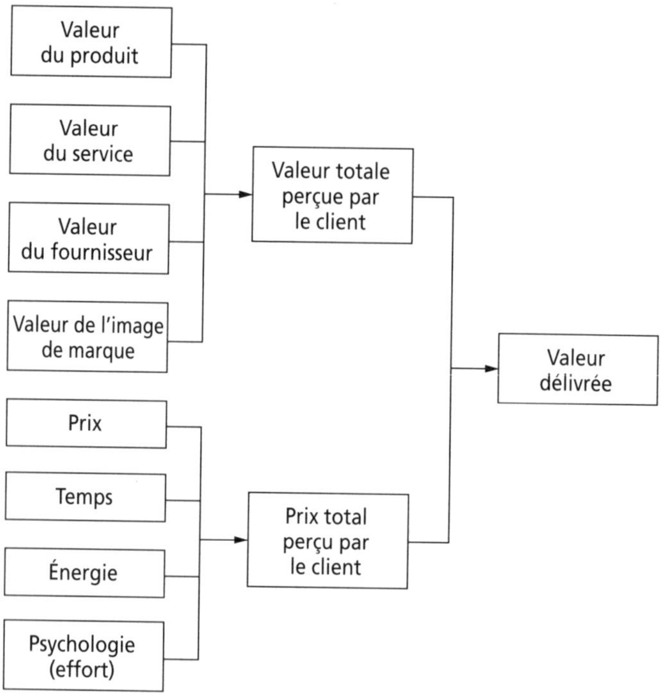

Figure 7.4 – Calcul de la valeur délivré

D'où l'idée de T. Levitt d'ajouter aux produits différents niveaux pour se différencier et lutter contre la concurrence, c'est-à-dire passer de l'avantage ou **bénéfice central** (celui qui est mesurable à la sortie de l'entreprise vendeur) au « **produit augmenté** » (celui qui est rempli de différentes valeurs à la porte du client).

> Revlon, le créateur de la marque de cosmétiques, avait coutume de dire : « nous fabriquons de la chimie, mais nous vendons du rêve ».

Un produit repose sur ses caractéristiques intrinsèques (qualités techniques, prix, services annexes, conditionnement, délai) et des caractéristiques plus intangibles (nom, logo, label, packaging) comme le synthétise la figure 7.5.

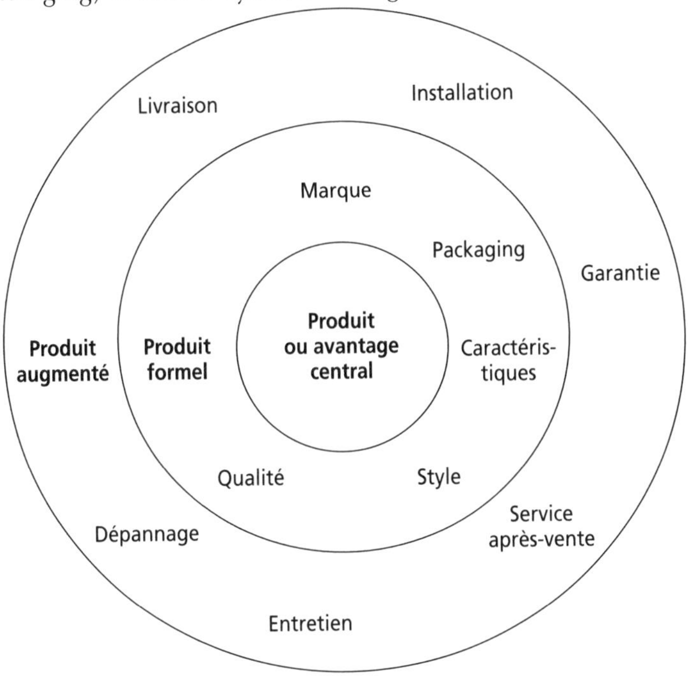

Figure 7.5 – Physionomie d'un produit

Prenons l'exemple d'un hôtel :

Bénéfice central : Un hôtel doit permettre au client de se reposer la nuit.

Produit générique : L'hôtel est un ensemble architectural complet (chambres, réception, salons).

Produit espéré : Le client attend que les chambres soient propres, bien équipées et confortables.

Produit renforcé : Produits et services supplémentaires qui différencient cet hôtel des autres concurrents : télévision par câble, service rapide, piscine et sauna, restaurants, location de voiture, etc.

Produit potentiel : Modifications ultérieures de l'équipement de l'hôtel (salles de conférences avec matériel multimédia, accueil de séjours de longue durée associés à des produits touristiques, etc.).

Le créateur doit *choisir la valeur* en association avec la segmentation des clients (*pour quelle clientèle ?*), leurs besoins et leur demande de valeur (*dans quelles conditions de prix et de délai ?*). Ensuite, il doit fournir et communiquer cette valeur.

La politique de produit/service concerne :

- les attributs du produit ou du service,
- son identité : marque, image, nom, logo, label, packaging,
- sa gestion des produits et services en termes de recherche et développement, innovation,
- la gestion de la gamme de l'ensemble des produits ou services, comme le souligne la figure 7.6.

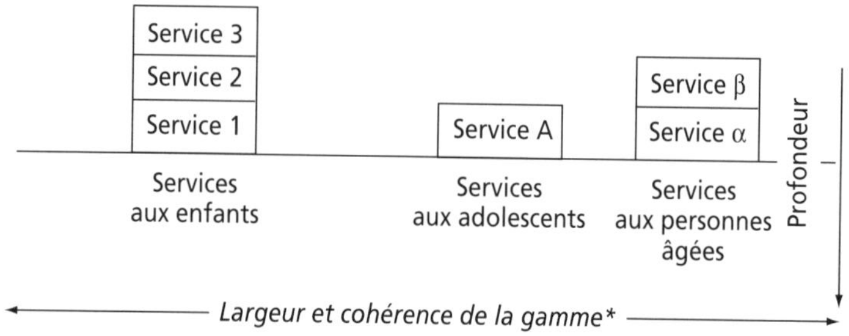

* Chaque grande catégorie de services (la 1, 2, 3 ; la A ; la α, β) est considérée comme autonome dans la mesure où elle est capable d'attirer une clientèle spécifique.

Figure 7.6 – Gamme de produits/services

La politique de gamme se conçoit de deux façons différentes :

• option 1 : à partir d'un produit ou service 1, offrir des services qui approfondissent cette gamme

Exemple : services aux enfants

Service 1 : loisirs créatifs à l'heure
Service 2 : loisirs créatifs à la demi-journée
Service 3 : loisirs créatifs à la journée

• option 2 : à partir de cette offre initiale, élargir la gamme et en quelque sorte « changer de clientèle ».

Exemple :

Élargissement de la gamme aux adolescents en leur proposant des cours d'arts à l'heure, puis à la demi-journée.

La politique de prix

L'élément prix est directement lié au calcul du chiffre d'affaires. Les méthodes classiques de fixation des prix au nombre de trois : 1) à partir du prix de revient prévisionnel des produits ou services et de la marge espérée par le créateur, comme le rappelle la figure 7.7 ; 2) ou à partir du prix de vente pratiqué par les concurrents (prix de positionnement) ou 3) à partir du prix accepté par les clients lors de l'étude de compréhension (prix psychologique).

La fixation du prix sous-entend les interrogations suivantes : *Est-il déterminant pour l'acte d'achat ? Est-ce l'argument primordial pour la clientèle ? Quels sont les prix pratiqués par les concurrents ? La marge est-elle acceptable ?*

Les objectifs du créateur par rapport à son marché peuvent être soit de se positionner sur le marché soit de rechercher un certain montant de chiffre d'affaires.

Pour chacun de ces objectifs, le montant du prix sera fixé à des niveaux différents. On pratiquera soit une stratégie de prix d'écrémage, soit une stratégie de pénétration.

La **stratégie de prix d'écrémage** consiste à s'adresser à un segment limité du marché sur lequel on peut pratiquer des prix élevés. La marge ainsi dégagée est importante et permet le financement des investissements. Cette stratégie facilite le démarrage de l'entreprise et la construction d'une image. En revanche, elle peut s'avérer limitée dans le temps et risquée en cas de retournement de la demande ou d'augmentation de la concurrence.

coût d'achat
+ coût d'approvisionnement

= coût total d'achat
+ coût de production

= coût de production
+ coût de la distribution

= coût commercial
+ coût d'administration

= coût de revient
+ *marge du producteur*

= prix de vente au grossiste
+ *marge du grossiste*

= prix de vente au détaillant
× *coefficient multiplicateur*

= **prix de vente public**
(ajouter la TVA)

Figure 7.7 – Calcul du coût de revient et fixation des prix des coûts

Avec une **stratégie de pénétration**, au contraire, le prix de vente fixé est assez bas pour permettre au produit ou service d'atteindre la plus grande cible possible de clients et donc un chiffre d'affaires important. La difficulté réside dans le financement d'une telle stratégie. L'avantage d'un tel niveau de prix est de se différencier des concurrents.

À cela s'ajoutent des **tactiques de fixation de prix temporaires** : prix spéciaux (offre temporairement limitée), prix des nouveaux produits, rabais, prix de fidélité, etc.

Exemples de tactiques de fixation de prix en phase de développement

Objectif de maximisation des revenus immédiats :
offre de prix temporairement limitée
rabais

Objectif de stabilité des revenus :
facturation retardée
baisse des prix
alignement sur les prix de la concurrence

Objectif de recherche de revenus futurs :
échantillons gratuits
tests
prix de pénétration
prix de fidélité

La politique de distribution

Elle comprend le choix du système de distribution et l'organisation de la vente et des vendeurs. En phase de démarrage, ne pas éparpiller ses forces et choisir un mode de distribution cohérent avec ses moyens et avec les produits ou services offerts et la clientèle visée.

Le créateur peut choisir entre distribuer par un circuit long où le nombre d'intermédiaires est élevé ou par un circuit court. Le circuit court le plus extrême est le e-commerce ou la vente sur les marchés du producteur au consommateur. Dell a été la première entreprise à opter pour la vente directe de micro-ordinateurs avec un avantage prix clair pour le client.

Les *critères à prendre en compte selon le* **type de distribution** sont principalement :

- *pour le commerce de détail* : le choix de l'emplacement (locaux) ; la qualité de l'accueil (agencement et présentation des produits) ; la qualité du service ;
- *pour le commerce de gros* : la qualité de la force de vente ; le suivi personnalisé des vendeurs ; les délais de paiement ;
- *pour la grande distribution* : la qualité de la force de vente ; le style de vente choisi (libre-service, vente personnalisée, etc.) ;

le mode de financement ; les remises quantité acceptées ; les délais d'approvisionnement ;

- *pour la VPC ou le e-commerce* : les délais de livraison ; la sécurisation du paiement ; le suivi dans les produits ; le service après-vente (nature, qualité, délai, prix, etc.) ; le mode de financement (crédit, délai d'encaissement).

Évaluer, avant de choisir les marges pratiquées par chaque circuit, le pouvoir de négociation de la nouvelle entreprise par rapport à ces circuits et le coût de la distribution.

Les différentes formes de distribution

- *Chaînes volontaires :* association de commerçants pour augmenter leur pouvoir.
- *Centrales d'achat :* négociation et référencement des produits pour leurs adhérents, centralisation et stockage des achats, aide marketing et parfois financière.
- *Groupement d'achat :* organisation de détaillants indépendants qui regroupent leurs achats pour obtenir de meilleures conditions.
- *Exclusivité commerciale :* évite la concurrence directe, garantit l'implication du distributeur plus son expertise et offre des avantages en terme d'image. Cela ne signifie pas que le distributeur ne vende que vos produits, mais que vous lui offrez l'exclusivité de la vente de vos produits ou services. À l'inconvénient de limiter à un canal la distribution du produit donc limite *a priori* les ventes. Il existe une formule mixte : concéder une *exclusivité pour une période de temps limitée ou sur une zone géographique déterminée.*
- *Franchise :* technique contractuelle qui permet à un entrepreneur (le franchisé) de créer et de se développer en limitant l'apport en capital et en bénéficiant de l'aide technique et commerciale du franchiseur (apporteur de l'enseigne), moyennant le respect de certains objectifs et le versement de royalties. Se renseigner à la Fédération Française de la Franchise : *www.franchise-fff.com*

La vente

C'est une technique qui a pour objectif de prospecter les clients, prendre des commandes et de fidéliser les clients. Elle se traduit par les actions suivantes : 1) visiter le plus grand nombre de clients ciblés ; 2) instaurer un premier cercle de clients « favorables », 3) constituer un carnet d'adresses.

Pour cela, il convient de préparer la visite, ce qui comporte trois volet : 1) la connaissance du client ; 2) la définition de l'objectif à atteindre 3) la construction d'un plan d'entretien et la préparation d'un argumentaire.

La formule AIDA contient tout ce qui fait un entretien de vente :

Ambiance

Intérêt

Désir

Accord

Les clients sont de plus en plus volatiles (B to C) mais aussi de plus en plus exigeants (B to C et B to B) en ce sens qu'ils souhaitent acheter un produit « unique ». La réponse est le marketing « one to one ».

> L'e-mailing géolocalisé est un outil capable de générer du trafic sur un point de vente en proposant une réduction ou un cadeau de bienvenue à une cible très particulière. Il est utilisé en B to B lors de la sortie de nouveaux produits ou services.

L'avant-vente couvre les premiers contacts avec les clients. La force de vente (le créateur ou du personnel spécialisé interne ou externe à l'entreprise) doit disposer d'un support d'aide à la vente : argumentaire, produits ou services en démonstration ou en prêt, transparents, vidéo-cassettes ou supports de présentation sur le lieu de vente.

L'organisation de conférences de lancement en direction des clients, la présence sur un stand lors d'un salon, d'une foire ou d'une exposition sont également appréciables. S'inspirer des pratiques de la concurrence en la matière est un moyen de s'étalonner pour positionner son action dans les meilleurs délais.

Au démarrage, le créateur sera souvent le seul vendeur de son entreprise. Mais au fur et à mesure du développement, il lui faudra organiser et gérer la force de vente : son nombre, son recrutement, sa formation, sa rémunération, sa motivation et son contrôle.

Les types de vendeurs

- *Concessionnaire exclusif :* commerçant qui reçoit un droit exclusif de vendre les produits ou services d'une entreprise dans un secteur géographique donné.
- *Courtier :* intermédiaire dans certaines opérations commerciales (assurance, bourse, matières premières, etc.).
- *Commissionnaire :* commerçant qui achète et vend pour le compte d'un tiers.
- *Représentant :* propose les produits ou services d'une entreprise à des clients acquis ou potentiels dans une zone géographique donnée.
- *Voyageur Représentant Placier* (VRP) exclusif ou multi-cartes.
- *Preneur d'ordres :* agent commercial qui prend les commandes des clients acquis à l'entreprise.

L'argumentaire reprend l'ensemble des points à développer pendant la visite. On peut avoir recours à des photos, graphiques, maquettes, prototypes, etc. Il faut surtout bien préparer les objections des clients (voir encadré).

Quelques techniques pour savoir répondre aux objections des clients

- Imaginer à l'avance les réponses des clients
- Préparer des contre-arguments pour les convaincre à partir de ce travail

– Employer la *technique de l'effritement*, qui consiste à faire éclater l'objection en plusieurs éléments : « *Pour quelles raisons avancez-vous ce propos ?* »

– Employer *la technique de l'écran* : prendre note et enchaîner sur le plan de la vente : « *Je réponds à votre remarque, mais avant cela, je tenais à vous signaler que...* »

– Employer *la technique de la prise d'appui* : prendre prétexte de l'objection pour enchaîner un argument : « *Votre remarque est juste et précisément le produit...* »

La conclusion de la vente se fait par un accord de principe ou un accord ferme, ou une commande.

La politique de communication

Le créateur doit se faire connaître ainsi que son entreprise et ses produits et services. Pour cela, il doit répondre aux questions suivantes :

Quelle est la cible à qui on souhaite communiquer ?: clients ? ; prescripteurs ? ; institutionnels ? ; leaders d'opinion ? ; distributeurs ?

Quelle valeur, quel message transmettre ? Comment se faire remarquer par les futurs clients ? À quelle période ? À quel rythme ? Avec quel budget ? Comment contrôler les effets de la communication ?

Comment organiser la communication de manière cohérente (plan média) ? Comment se différencier des concurrents déjà installés ? Quelle image donner à la jeune entreprise ?

Les types de communication envisagés sont la *communication directe* assurée par le créateur lui même, mais aussi la *publicité* (presse, radio, TV, brochures, catalogues, etc.), la *promotion*, les *relations publiques* ou le *marketing direct* principalement.

Il peut également utiliser des *outils promotionnels supplémentaires* tels que les papiers commerciaux, les notices techniques et publicitaires, les mailings, un site web, les annonces presse, les annuaires, les foires, salons, expositions ou encore l'adhésion à un syndicat professionnel.

Il est possible de faire inscrire vos messages publicitaires sur les tickets de caisse de certaines grandes surfaces.

Exemple

La société Ticket-caisse vous propose de faire de la publicité au dos des tickets de caisse dans la grande distribution avec le « coût contact le plus faible du marché ». w.ticket-caisse.com

Exemple

Le budget d'une campagne de communication par téléphone de 1 000 appels coûte environ 7,50 € par contact si elle est concentrée sur une semaine pour assurer la promotion d'un nouveau produit ou service.

Le marketing direct

Le marketing direct est l'ensemble de techniques qui permettent d'obtenir une relation directe entre l'entreprise et ses clients potentiels. Elles se traduisent par de la prospection, de la vente et du démarchage par voie postale (publipostage ou *mailing*) ou par téléphone (*phoning*) et se réalisent à partir de fichiers.

Un fichier n'est ni bon ni mauvais en soi : il peut se révéler excellent pour telle opération précise. D'où il est indispensable de bien connaître le marché des fichiers pour choisir avec pertinence celui qui se révélera le plus utile. Il existe trois familles de fichiers.

La première famille est constituée par *les* **fichiers de compilation** issus le plus souvent de fichiers institutionnels (à partir du fichier Sirène de l'Insee, les Pages Blanches et Jaunes de France Télécom, les annuaires professionnels, les bottins administratifs et annuaires d'anciens élèves).

Tableau 7.3 – Les fichiers de compilation

Avantages	*Inconvénients*
Liste de nombreuses adresses	Uniquement les adresses
Faible coût	Mise à jour délicate

Dans la deuxième famille, on trouve les **fichiers de comportement** qui regroupent des adresses d'individus qui à un moment ont eu un comportement commun (clients d'une entreprise de VPC, d'un grand magasin, les abonnés d'une revue, les visiteurs d'un salon).

Tableau 7.4 – Les fichiers de comportement

Avantages	*Inconvénients*
Ciblage précis à partir du comportement réel	Plus coûteux
	Loués et non vendus
	Plus ou moins récents

Les **bases de données** forment la troisième famille. Il s'agit d'énormes bases regroupant des données sur les habitudes de consommation et les intentions d'achat des foyers français.

Un nouveau terme a envahi les entreprises en peu d'années, il s'agit du CRM : *customer relationship management*. De quoi s'agit-il ?

Chaque entreprise doit s'efforcer de connaître ses clients le mieux possible pour personnaliser la relation (one to one) et adapter l'offre à ses besoins et ceci dans la durée. Pour cela, elle doit collecter le maximum d'informations et de renseignements personnels sur ses clients, et construire une base de données permettant de les traiter. Le développement d'outils informatiques puissants, comme le « datamining », permet d'extraire les informations voulues à partir de gros volumes de données.

Les sources de ces données sont bien évidemment Internet mais également et plus classiquement la carte de fidélité, l'enquête de satisfaction, le jeu concours ou l'offre de cadeaux. Le « couponing » est également très utilisé, comme l'achat ou la location de fichiers d'adresses.

Les plus gros utilisateurs de ces méthodes sont les vépécistes. La vente et la location concerneraient environ un milliard d'adresses pour un chiffre d'affaires estimé à 150 000 euros.

Ce marché florissant (et réglementé) a permis à des entreprises comme Claritas ou Consodata de faire leur business sur le créneau. Elles disposent de plusieurs bases de millions de foyers, avec un taux de recoupement d'environ 30 %. De nouvelles entreprises apparaissent sur ces cibles particulières : Ibase pour les 15-25 ans et les femmes ou Bananalotto (loterie sur Internet) avec une base de plus d'un million de consommateurs, et Maximiles, Doubleclick, etc.

Tableau 7.5 – Les bases de données

Avantages	*Inconvénients*
Très riches en informations	Ne concernent que les particuliers
	Coûteuses pour des cibles pointues

La *qualité des fichiers* se mesure à : 1) la fréquence de la mise à jour ; 2) le taux des NPAI (n'habite pas à l'adresse indiquée) : en B to B, on admet 3 % mais cela dépend du secteur ; en grand public, ce taux est très faible ; en ce qui concerne les numéros de téléphone, ce taux peut atteindre 10 à 15 % ; 3) le taux de rendement, c'est-à-dire le nombre de réponses obtenues par rapport au nombre de courriers envoyés : en B to B, on est autour de 1 %, pour les particuliers, on peut aller jusqu'à 4 %.

Quelques critères pour choisir son fichier

Les critères de choix
Sélectivité à partir de critères définis
Exhaustivité des adresses
Exactitude et personnalisation des adresses

Les renseignements à obtenir
Le nom du fichier
Le nom du producteur
La source
Le numéro d'enregistrement Cnil (Commission nationale de l'informatique et des libertés)
Le taux de NPAI
Les références des clients ayant déjà utilisé ce fichier

Les intermédiaires à contacter
Les *propriétaires* : ce sont soit des entreprises dont c'est le métier soit de grosses entreprises (VPC ou la presse par exemple) qui en possèdent.
Les *courtiers* : ils touchent environ 15 % pour leur intermédiation entre les propriétaires des fichiers et les clients. Ils apportent en outre des conseils sur le choix du fichier par rapport au problème posé. Pour choisir un courtier, demander au Syndicat national de la communication directe.
Les *consultants indépendants* : faire jouer la concurrence.
On peut aussi consulter le Guide des Fichiers et du Marketing qui en recense annuellement 3000. (*www.gfm.fr*).
Postcible, développé par La Poste, permet de travailler sur les adresses de particuliers en petite quantité pour des tarifs intéressants.

Quelques exemples de fichiers spécialisés
La cantinière, société de VPC d'ustensiles de cuisine haut de gamme, 21 000 adresses postales et e-mail ; 2 000 € le mille HT.

Mediatype recense 7 millions d'adresses postales de consommateurs leaders et prescripteurs en licenciés sportifs, 180 € le mille HT.
DBI recense 30 000 adresses postales et e-mail d'établissements de santé, masons de retraite, centres de thalassothérapie.
La société France Prospect vend des CD et des packs d'adresses B to B (entre 150 et 900 €) - www.france-prospect.fr.

Achat ou location ?
Pour toute préoccupation ponctuelle ou pour un créateur qui ne connaît pas le retour d'une telle opération, la location s'avère souvent un choix judicieux. Si ce type d'opération devient une pratique courante dans son activité, la réflexion pour l'achat se posera alors.
Autre solution : l'e-marketing
Peu coûteux mais pas toujours très précis.
Impact Net, leader français de l'e-mail marketing.
www.impact-net.com

Les Éditions du marketing opérationnel ont créé un site où on trouve des informations gratuites et payantes sur le marketing direct.
http://www.infosmd.com

Pour annoncer la création de son entreprise dans une zone géographique donnée, on peut avoir recours à cette technique de distribution dans des boîtes aux lettres ciblées. Grâce à l'association de données géographiques (ville, quartier, positionnement des routes), socio-démographiques (âge, revenu, situation familiale) et comportementales (habitudes de consommation), on peut cibler la distribution.

Exemple

Lors du lancement d'un nouveau produit s'adressant à une cible à revenus moyens, une entreprise désire toucher les foyers à 8 min maximum en voiture de son point de vente, et ceci dans toute la France.

Médiapost (*www.mediapost.fr*) et Spir communication (*www.spir.fr*) sont les acteurs les plus importants du géomarketing.

Les prix sont à la carte en fonction de la demande (cible, poids du message, niveau de ciblage), mais on peut environ compter 2 € par imprimé (soit 5 fois moins cher que le mailing adressé).

Certains pensent que la relation one-to-one, qui sous-entend l'immédiateté de la réponse au client et son individualisation, va obliger de repenser le marketing-mix classique des 4 P pour celui des 10 I : innovation, intégration, interactivité, immédiateté, interconnexion, information, intermédiation, individualisation, itération et invitation. (Source : LaSer.)

Pour conclure

Les résultats de l'étude de marché ont permis de définir les éléments de démarrage de la nouvelle entreprise, notamment en termes de délimitation d'un (ou plusieurs) couple produit-marché.

Exploiter les résultats de l'étude de marché doit éclairer le créateur pour qu'il organise de manière cohérente les éléments commerciaux nécessaires afin d'atteindre la cible visée. Les politiques commerciales de produit, prix, distribution et communication sont les éléments de ce marketing-mix. Bien exploiter l'étude de marché passe par l'examen des questions suivantes :

Quels objectifs viser ?
Quelle offre définitive mettre au point ?
Quel marché-cible ?
Quel positionnement ?
Quel CA prévisionnel ?
- pour le cœur de cible ?
- pour la cible immédiate ?
- pour la cible élargie ?
- scénarios haut, moyen et bas ?

Quelle action commerciale organiser ?
Quelle politique produit/service adopter ?

Quelle politique de prix suivre ?
Quelle politique de distribution choisir ?
Quelle politique de communication mettre en place ?
et tout ceci de manière cohérente.

L'entreprise peut maintenant démarrer. Pour lui assurer la pérennité la plus grande, il est important de prévoir les éléments de pilotage et d'envisager dès à présent les axes de son développement (chapitre 8).

Chapitre 8
Piloter et développer sa jeune entreprise

Créer une nouvelle entreprise est en fait une action assez simple. Une fois l'étape de création passée, le créateur doit mettre tous les avantages de son côté pour que son entreprise continue d'exister et se développe. Pour cela, il doit se munir d'outils de contrôle adaptés à sa stratégie de développement pour suivre ses résultats. Penser au développement en ces termes s'organise dès le lancement de l'entreprise.

Bâtir sa stratégie de développement

Penser au développement de votre entreprise dès le démarrage de l'activité est indispensable. Ne pas se dire qu'il sera temps d'aviser dans un ou deux ans. Cette référence se traduit par un plan, appelé plan de développement.

Envisager le développement peut se concevoir de différentes manières, selon l'intensité concurrentielle du secteur d'activité et selon la volonté du dirigeant.

En règle générale, le développement peut prendre deux directions : le volume ou la rentabilité.

Accroître le volume des ventes s'obtient : 1) soit en augmentant le marché (atteindre des non-consommateurs, entrer sur de nouveaux segments, augmenter le taux d'utilisation du produit ou service), 2) soit en prenant des parts de marché supplémentaires à la concurrence grâce à un avantage concurrentiel certain.

Augmenter la rentabilité de l'exploitation demande une diminution des coûts ou une augmentation des marges tout en restant sur les mêmes marchés.

Ces deux axes s'entendent bien évidemment à condition que la jeune entreprise continue à accroître son avantage compétitif.

On peut utiliser la matrice bien connue d'Ansoff pour démarrer la réflexion et imaginer les futures activités et leurs éventuels développements (figure 8.1).

	Produit actuel	*Produit nouveau*
Clientèle actuelle	Fidélisation Satisfaction	Développement Produit
Clientèle nouvelle	Élargissement de la clientèle	Diversification Produit/marché

Figure 8.1 – Matrice produits-missions (I. Ansoff,* Stratégie du développement de l'entreprise, *Éd. Hommes et Techniques, 1968)

La **fixation des objectifs** répond au souci du créateur de déterminer des bornes au développement de son entreprise. La connaissance du marché et de la cible visée permettra de définir les bases de la stratégie commerciale et des nouveaux CPM sur lesquels se lancer. Chaque choix de CPM peut s'inscrire dans le cadre de la figure 8.2.

Chaque couple produit-marché se caractérise par sa taille, les caractéristiques de la demande, les attentes de cette demande et les caractéristiques des offres existantes. Dans chaque métier, le nombre de couples produits-marchés est toujours important, qu'il s'agisse de la plomberie, de la restauration ou de la biologie. Les **objectifs de développement** concernent le plus souvent les ventes, les parts de marché ou la rentabilité. Ils peuvent être affinés par type de clientèle et par CPM.

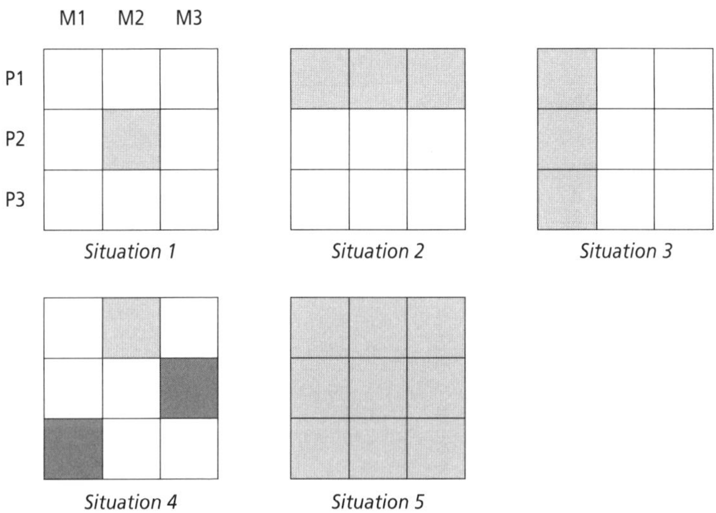

Situation 1 : concentration sur un CPM = solution optimale en création en fonction des faibles moyens

Situation 2 : spécialisation produit à partir du produit/service de départ

Situation 3 : spécialisation marché à partir du segment de marché de départ
Les situations 2 et 3 semblent, dans la majorité des cas, les deux meilleures stratégies pour envisager la première étape de développement d'une jeune entreprise.

Situation 4 : spécialisation sélective = perte de synergie car recherche d'opportunités là où elles se trouvent

Situation 5 : couverture globale du marché = solution envisageable pour les grandes entreprises

Figure 8.2 – Stratégies de couverture de marché (M = marché, P = produit)

Les objectifs de développement

• *Objectifs de vente*
Chiffre d'affaires en volume
Augmentation en volume, en valeur pour les trois prochaines années

• *Objectifs de part de marché*
Volume des ventes par rapport aux ventes de la profession (%)
Chiffre d'affaires de l'entreprise par rapport au chiffre d'affaires de la profession (%)
Augmentation de ce chiffre d'affaires en volume et en valeur pour les trois prochaines années

• *Objectifs de rentabilité*
Marges
Résultat net
Capacité
Rentabilité des capitaux (résultat/capitaux propres)
Seuil de rentabilité
Cela peut se tradire de la manière suivante pour l'estimation du chiffre d'affaires :

	Année 1	Année 2	Année 3
Hypothèse basse			
Hypothèse recherche			
Hypothèse haute			

Le plan de développement

Il a pour objectif la coordination des actions de développement ainsi qu'une fonction de communication interne auprès des dirigeants et des salariés (même si leur nombre est restreint). Il permet également le contrôle et donc le pilotage du développement de l'entreprise (analyse des écarts réalisations/prévisions). C'est un document écrit qui comprend trois parties :

- 1. la définition claire des objectifs à atteindre à moyen terme (parts de marché, ventes en volume et CA, objectifs financiers, marges, résultats, capacité d'autofinancement),
- 2. la description de la stratégie envisagée (opérations prévues, nom du responsable, budget alloué, délai prévu),
- 3. la description des moyens à mettre en œuvre.

Les moyens humains, le recrutement, l'organisation de l'équipe et la délégation constituent un problème majeur à gérer/régler pour le créateur en phase de prédémarrage ou de démarrage. Le succès de l'entreprise à terme en dépendra.

On peut identifier trois principes majeurs pour se développer : l'obsession de la recherche d'informations, la maîtrise de la montée en régime et l'organisation du contrôle des résultats qui vont de pair avec le changement de rôle du créateur qui devient un dirigeant.

Être une vigie pour son entreprise

Être en permanence une vigie pour son entreprise et inculquer cette culture à ses associés et à ses salariés est essentiel.

Cela consiste à visiter les salons, foires et expositions professionnelles, assister à des conférences, lire la presse spécialisée, réaliser ou faire réaliser des études spécifiques, rencontrer des experts et des partenaires du secteur et mettre en œuvre un système de veille adapté aux besoins de l'entreprise.

S'abonner à des news letters peut s'avérer intéressant.

(www.lesclesdelinfo.com propose une revue de presse gratuite bi-hebdomadaire sur les thèmes marketing/vente, juridique/fiscal, finance, management/RH.)

L'objectif est de pouvoir se préparer pour l'avenir en étant constamment informé des éléments les plus marquants. Le manque d'information et l'attitude « la tête dans le sac » sont des causes de défaillance fréquentes.

Les sources d'information externes sont identiques à celles utilisées lors de la première étude de marché. Elles peuvent même être plus ciblées et donc plus réduites, le champ de l'étude étant par nature délimité. L'utilisation de réseaux (clubs professionnels sectoriels ou non) et la participation active aux plus efficaces sont largement recommandés.

La finalité de cette recherche d'information permanente se traduit ou doit se traduire par l'obsession de l'avantage compétitif apporté aux clients.

On l'a vu, les clients de tous types sont volatiles et leurs demandes évoluent. Il est essentiel d'anticiper ces évolutions, de se comparer (benchmark) aux concurrents français et étrangers pour être toujours en mesure d'apporter ce « plus » demandé. L'innovation produit ou service est déterminante.

> L'entreprise l'Arbre Magique, qui fabrique des parfums d'intérieur pour voitures, innove sans cesse depuis 50 ans pour coller aux attentes de ses clients à travers le monde (parfums, modes de diffusion, etc.).

Étudier l'élargissement de la gamme, tester des nouveaux produits et redéfinir les concepts fait partie intégrale de l'activité de développement.

Maîtriser la montée en régime

On dit souvent qu'il faut deux à trois ans pour atteindre un premier palier de développement, même si ce délai est déterminé par le secteur d'activité et par les ambitions du créateur.

En revanche, on observe fréquemment un retard dans les délais de réalisation des affaires (négociation-signature du contrat-réalisation-paiement) même si parfois le créateur doit faire face à un démarrage foudroyant des affaires auquel il ne s'attendait pas.

Quelques éléments sont à retenir à ce niveau : 1) Plus vite le chiffre d'affaires augmente et plus la consommation d'argent est importante (besoin en fonds de roulement). Aussi la variation du besoin en fonds de roulement est à surveiller. 2) Les capitaux propres doivent être proportionnels à l'activité. Cela signifie que pour assurer le développement des affaires, le créateur (et ses associés) doit remettre de l'argent frais ou s'auto-financer ou encore faire appel à la banque. Une augmentation des crédits fournisseurs peut être également recherchée. 3) Cette montée en puissance doit être évaluée et réfléchie. Il faut viser juste : ni trop ni trop peu.

La **fourchette NAMI/NAMA** (niveau d'activité minimum/ niveau d'activité maximum) permet de connaître le nombre d'unités à vendre et ainsi d'aider à clarifier les choix pour le futur en terme de conquête de marché (entrées) et de dépenses (sorties), comme le montre l'exemple donné.

Un exemple pour mieux comprendre

Supposons que mon projet soit de faire des emballages en matière plastique. De mon exploration de l'environnement et de mes entretiens avec les banques, j'ai retenu que j'aurai environ :

– 500 000 € de frais fixes (non compris les amortissements) ;
– une marge sur coût variable de 60 % ;
– un investissement initial de 200 000 € que je peux amortir en 5 ans (soit à concurrence de 40 000 €/an) ;
– un capital (prime incluse) de 200 000 € ;
– un prêt bancaire de 150 000 € sur 5 ans à rembourser à concurrence de 30 000 €/an ;
– un fonds de roulement, la première année, égal par conséquent à 150 000 € (capital : 200 + prêt : 150 – investissement : 200) ;
– un besoin en fonds de roulement (BFDR) équivalent à deux mois de chiffre d'affaires (soit 18 % du montant de celui-ci sur une année pleine de onze mois) ;
– la possibilité d'obtenir des concours bancaires à court terme pour le tiers de ce besoin en fonds de roulement – soit 6 % du chiffre d'affaires.

D'autre part, je sais que je devrai pouvoir assez facilement augmenter mes ventes de 30 % la deuxième année, ce qui entraînera une augmentation de mon Besoin en Fonds de Roulement.

Toutes ces données me permettent d'abord de calculer le niveau d'activité nécessaire pour ne pas perdre d'argent et dégager de quoi rembourser les 30 000 premiers € du prêt bancaire. La formule est très simple :

$$\text{Niveau d'activité} = \frac{\text{Frais fixes} + 30\ 000\ €}{\text{Marge sur coût variable}}$$

Ce qui nous donne, pour l'exemple que nous avons choisi ci-dessus :

$$\frac{500\ 000 + 30\ 000}{0{,}60} = 883\ 000\ €$$

Le problème est que ce chiffre d'affaires ne me permettra pas d'obtenir un autofinancement suffisant pour réaliser une croissance de 30 % la deuxième année. En effet, cette croissance ferait passer mes besoins en fonds de roulement de 18 % × 883 000 € = 159 000 €, à 18 % × 883 000 € × 130 (croissance) = 206 000 €, soit une progression de mes besoins de 47 000 €.

J'en arrive donc à la conclusion que, pour réussir, il faut que j'atteigne la première année un niveau d'activité tel que je dégage un autofinancement de 77 000 € minimum après impôt (soit 104 000 € avant impôt = 40 000 € d'amortissement ÷ 64 000 € de résultat, dont le Fisc gardera 27 000 €).

Mon ***Niveau d'Activité Minimum*** se calcule donc comme suit :

$$\text{NAMI} = \frac{\text{Frais fixes} + \text{Autofinancement brut recherché}}{\text{Marge sur coût variable}}$$

Soit, pour l'exemple que nous avons choisi :

$$\text{NAMI} = \frac{500\ 000\ € + 104\ 000\ €}{0{,}60} = 1\ 006\ 000\ €$$

En résumé :

Mon objectif doit être de réaliser un chiffre d'affaires de 1 million d'euros la première année. Mais est-ce possible ? En voulant me préparer pour le bond en avant de la deuxième année, ne vais-je pas décrocher ? Pour pouvoir répondre à cette question, il faut calculer le ***Niveau d'Activité Maximum*** autorisé par ma structure financière (NAMA) grâce à la formule suivante :

$$\text{NAMA} = \frac{\text{Fonds de Roulement}}{\text{BFDR\%} - \text{court terme\%}}$$

En l'occurrence, le fonds de roulement est de 150 000 €, j'ai 18 % de besoin en fonds de roulement et 6 % de crédit court terme sur le chiffre d'affaires. Cela nous donne par conséquent, appliqué à notre exemple :

$$\text{NAMA} = \frac{150\ 000\ €}{0{,}18 - 0{,}06} = 1\ 250\ 000\ €$$

Il m'est donc possible de viser sans risque le million de € de chiffre d'affaires en année 1.

NAMA	*1,25 millions d'euros*
	C'est entre ces deux « altitudes » que mon entreprise doit « voler » pour vivre bien
NAMI	*1 million d'euros*

Remarques :

• Ces exercices vous paraîtront peut-être un peu compliqués, mais ils ont le mérite de vous obliger à bien assimiler des notions de gestion financière qui vous éviteront certaines erreurs. N'oubliez pas que la majorité des défaillances des entreprises nouvelles intervient 2 ou 3 ans après leur naissance. Vous devez mieux comprendre pourquoi à présent...

• Si mon capital n'avait été que de 150 000 €, j'aurais eu un fonds de roulement de 100 000 € (150 000 € de capital + 150 000 € de prêt – 200 000 € d'investissement). Dans ce cas, mon NAMA serait de :

$$\frac{100\ 000\ €}{0{,}18 - 0{,}06} = 833\ 000\ €$$

soit un niveau d'activité maximum inférieur au niveau inférieur à atteindre pour réussir ! En clair, dans ce cas, je végète tant bien que mal ou (si mes ventes croissent) je décroche.

Source : C. Marmuse, « L'évolution des objectifs de la PME », Revue française de Gestion, 1982.

Au fur et à mesure que l'entreprise se développe, le créateur doit également se concentrer sur le contrôle de sa rentabilité.

Contrôler les résultats

Ce travail est nouveau pour le jeune entrepreneur car c'est la première fois qu'il dispose de sources d'information internes depuis la création de son entreprise.

Il va devoir à présent organiser le contrôle des ventes, des résultats et trouver le bon rythme (mensuel, bimensuel...).

☞

Au démarrage et pendant au moins la première année, il est conseillé d'organiser les contrôles chaque mois.

Le contrôle des résultats obtenus par rapport aux prévisions permet de piloter une jeune entreprise, à partir des écarts observés. La question importante à ce niveau est : *Ces résultats sont-ils déterminants pour l'avenir ?* Si la réponse est oui, une action sera à envisager après analyse des causes de cet écart. Si la réponse est non, un simple ajustement en terme d'objectifs ou de moyens suffira.

Le pilotage concerne *les choix stratégiques* définis (CPM, marché-cible, parts de marchés, etc.) et *les moyens mis en œuvre* pour les atteindre (mix).

Les **principaux indicateurs** à suivre sont à adapter en fonction du type de projet, du secteur et des objectifs personnels du créateur. On peut néanmoins citer les principaux *en termes de résultats commerciaux* : CA ; répartition France/étranger ; évolution ; ratios ventes par client, secteur géographique, canal de distribution, etc. ; *en termes de clients* : leur nombre, les clients perdus, les clients gagnés, les enquêtes de satisfaction, la règle des 20/80, etc. ; *en termes de coûts commerciaux* : le total, la force de vente, la communication, etc., les marges, brute, commerciale, etc., *en termes de position par rapport aux concurrents* : part de marché, évolution, etc. ; *en termes de réalisation d'objectifs* : CA, marges, rentabilité, etc. ; *en termes de moyens* : politique de produit, politique de prix, politique de distribution, politique de communication.

La règle des 20/80

Question : *Combien 20 % des clients réalisent-ils de CA ? 20 %, 40 % ou 60 % ?*

Il est souhaitable de ne « pas mettre ses œufs dans le même panier », aussi n'avoir qu'un seul gros client est dangereux.

Il est difficile et coûteux de gérer une multitude de petits clients, par exemple : 40 % des clients réalisant 55 % du CA.

L'équilibre toujours évoqué est celui des 20/80, à savoir 20 % des clients réalisant 80 % du CA.

On peut contrôler cet équilibre par une courbe dite des 20/80.

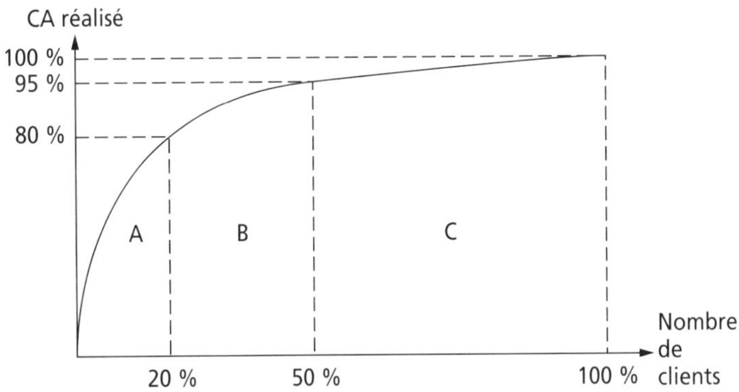

Zone A : 20 % (les plus gros clients) réalisent 80 % du CA

Zone B : 30 % (clients moyens) réalisent 15 % du CA

Zone C : 50 % (les clients restants) ne réalisent que 5 % du CA

Courbe des 20/80

☞

Pour durer, prévoyez des moments creux d'activité (en temps, en CA) et occupez-les à étudier des marchés nouveaux, détecter des opportunités nouvelles et penser au futur plus lointain.

Le contrôle donne lieu également à la tenue de tableaux de bord mensuels récapitulatifs des éléments les plus significatifs à surveiller pour assurer le développement de la nouvelle entreprise.

☞

N'oubliez pas la saisonnalité des ventes, elle perturbe les résultats !

Tableau 8.1 – Exemple de tableau de bord

	J	*F*	*M*	*...*	*D*	*TOTAL*
VENTES EN VOLUME Objectifs Réalisations Écart Écart cumulé						
CHIFFRE D'AFFAIRES Objectifs Réalisations Écart Écart cumulé						
MARGE Objectifs Réalisations Écart Écart cumulé						
RÉSULTATS Objectifs Réalisations Écart Écart cumulé						
Etc.						

Le contrôle qualité est également un élément déterminant du développement des jeunes entreprises.

Enfin, le rôle du créateur évolue et il devient plus un dirigeant, ce qui l'entraîne inévitablement à augmenter son équipe et à déléguer.

☞

Lire, se documenter sur tous ces points est un gage de réussite dans la durée. Suivre des formations courtes ciblées est rentable.

En résumé : toutes les bonnes questions à se poser

Piloter et développer sa jeune entreprise passent par l'examen des questions suivantes :

1) Quel développement pour la jeune entreprise ?

- Quelle stratégie de développement ?
- Comment construire le développement ?
- Comment maintenir ce développement ?
- Quel système d'information adopter ?

2) Comment maîtriser la montée en régime de mon entreprise ?

3) Quels éléments contrôler ?

- À quel rythme ?
- Quels tableaux de bord mettre en place ?

En conclusion, comment faire évoluer mon rôle de créateur d'entreprise à dirigeant d'entreprise ?

Conclusion

Réaliser une étude de marché avant de se lancer concrètement dans l'aventure de la création d'entreprise est indispensable. Celle-ci a pour objectif de *valider si l'idée de création, c'est-à-dire l'hypothèse de départ, rencontre une demande potentielle suffisante et solvable sur un marché déjà existant ou à développer.*

L'étude de marché ne peut assurer au créateur que les résultats obtenus lui procureront un succès immédiat mais elle permet de mettre en garde contre un certain nombre d'écueils et d'erreurs à éviter.

Comme nous l'avons vu, l'étude de marché connaît trois temps : sa **préparation** qui consiste à organiser un questionnement autour de l'hypothèse de départ et la mise en œuvre d'un système d'information adapté ; son **déroulement** cohérent qui comprend une étude documentaire, une étape de compréhension de la demande potentielle ainsi qu'une étape de quantification de cette demande ; entrecoupées de retours sur hypothèse. Ces moments tout à fait indispensables permettent de recadrer le projet au fur et à mesure de son avancement via la récolte d'informations utiles ; son **exploitation** qui va permettre au créateur de préparer concrètement le démarrage de son entreprise et de prévoir ses ventes.

Ensuite et dès le démarrage de l'activité, il est important de penser à l'avenir de la jeune entreprise en terme de développement. L'envisager ouvre des perspectives pour des gammes de produits ou services nouveaux ou pour une extension de la clientèle.

Tout au long de la vie de l'entreprise et dès qu'un nouveau projet de développement sera envisagé, une nouvelle étude de marché sera nécessaire. À la différence de l'étude de marché de création, le système d'information sera déjà efficace et des données internes existeront. De ce fait, l'étude sera souvent plus réduite et plus limitée.

L'apprentissage de la pratique de l'étude de marché est de ce fait, un avantage pour le créateur qui peut apprendre au fur et à mesure à mieux contrôler ses objectifs et sa réalisation ou sa délégation éventuelle à une entreprise spécialisée pour se consacrer à son cœur de métier : la pérennisation et le développement de son entreprise.

Cercle vertueux des affaires

- Analyse des attentes des clients et distributeurs
- Compréhension du pouvoir compétitif des concurrents
- Choix d'un positionnement différenciateur et créateur de valeur pour les clients
- Évaluation du marché potentiel
- Cohérence dans le marketing-mix
- Contrôle et pilotage

Annexe 1
Les catégories socio-professionnelles

NOUVELLE PROFESSION ET CATÉGORIE SOCIOPROFESSIONNELLE DU CHEF DE MÉNAGE (PCS)		ANCIENNE CATÉGORIE SOCIOPROFESSIONNELLE DU CHEF DE FAMILLE (CSP)	
Agriculteurs exploitants	Agriculteurs exploitants	Agriculteurs	Agriculteur exploitant Salarié agricole
Artisans Commerçants et Chefs d'entreprise	Artisans, petits commerçants Industriels, gros commerçants PDG, DG, chefs d'entreprise salariés	Petits commerçants	Artisan (moins de 6 salariés, patron, pêcheur) Petit commerçant
Cadres et Professions intellectuelles supérieures	Professions libérales Professeurs, ingénieurs, cadres supérieurs (sauf PDG, DG) Professions de l'information, des arts et des spectacles Professions administratives ou commerciales (statut de cadre)	Cadres supérieurs	ndustriel (6 salariés et plus) Gros commerçant (3 salariés et plus) Profession libérale Professeur, profession littéraire et scientifique Ingénieur Cadre supérieu
Professions intermédiaires	Techniciens, agents de maîtrise (sauf contremaîtres) Contremaîtres Professions paramédicales, instituteurs et assimilés, clergé Professions administratives ou commerciales (non cadre, non employé)	Cadres moyens	Technicien Instituteur Employé de bureau, de commerce Artiste, clergé, armée, police

.../...

NOUVELLE PROFESSION ET CATÉGORIE SOCIOPROFESSIONNELLE DU CHEF DE MÉNAGE (PCS)		ANCIENNE CATÉGORIE SOCIOPROFESSIONNELLE DU CHEF DE FAMILLE (CSP)	
Employés	Personnels de service, gens de maison travaillant pour des particuliers Policiers, militaires (hors officiers et sous-officiers) Professions administratives ou commerciales (statut d'employé)	Ouvriers	Contremaître, ouvrier qualifié Ouvrier spécialisé Apprenti Manœuvre Personnel de service Gens de maison
Ouvrier	Ouvriers qualifiés, ouvriers spécialisés, apprentis ouvriers, manœuvres, personnels de service travaillant pour une entreprise Salariés agricoles	Inactifs	Non-actifs : ménagère, retraité, sans profession Non-actifs : étudiant, écolier
Retraités	Retraité, préretraité		
Autres personnes sans activité prfessionnelle	Chômeur à la recherche d'un premier emploi Élève ou étudiant Militaire du contingent Femme au foyer Autre sans profession		

Annexe 2
Réponse au test de créativité

Pour résoudre ce problème avec 4 lignes droites, vous devez remettre en question le fait que vous présumez que les règles du jeu impliquent que vous restiez à l'intérieur des points. Aussi, on peut résoudre ce problème de la manière suivante :

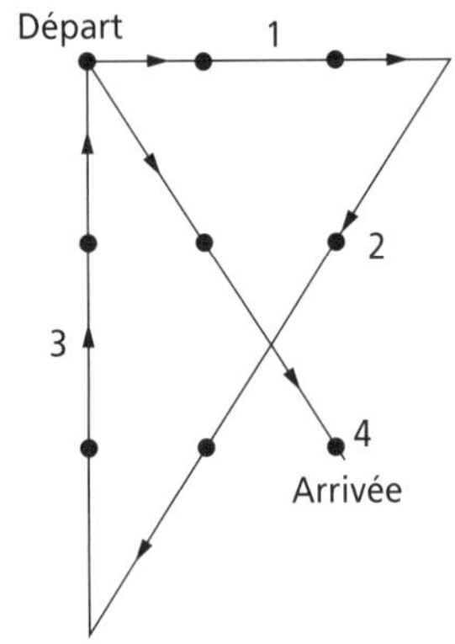

Annexe 3

Exemple d'enquête Delphi (enquête sur le partenariat technologique)

Le contexte

Face aux nouveaux enjeux industriels (concurrence accrue, déséquilibre entre l'offre et la demande, etc.), on peut constater l'émergence de certains nouveaux concepts tels que la qualité totale, la flexibilité, le partenariat, etc.

Conformément à la vocation de l'unité de formation et de recherche en Génie des Systèmes Industriels, notre équipe a décidé de mener une enquête sur le partenariat technologique afin de valider son impact sur la vie des entreprises.

À la suite des études que nous avons menées jusqu'à présent, nous avons fait quelques constats parmi lesquels nous pouvons citer :

- le partenariat se pratique selon différentes formes de contrats qui existaient bien longtemps avant l'essor qu'a pris ce concept (ex. : sous-traitance, franchise, etc.) ;
- beaucoup de nos interlocuteurs avec lesquels nous avons déjà traité ce sujet associent le partenariat à un type unique de ces contrats ;
- la nature du partenariat varie en fonction d'un ensemble de paramètres tels que le secteur économique de l'entreprise ou même son positionnement dans la filière de transformation du produit.

L'objectif

L'enquête que nous vous proposons a pour but d'analyser le partenariat tel qu'il est pratiqué aujourd'hui tout en insistant sur les points suivants :

- analyser le contenu des échanges dans les différents contrats de partenariat ;
- analyser la corrélation existante entre le partenariat et un ensemble de paramètres clés de la vie de l'entreprise ;
- valider les avantages acquis par le partenariat ainsi que les conditions de sa réussite ;
- analyser le processus d'élaboration et de mise en place de structures de partenariat.

Le principe de l'enquête

Le questionnaire que nous vous proposons est composé de trois parties. Les deux premières sont descriptives et nous permettront de mieux interpréter vos réponses de la troisième partie.

La troisième partie, qui est la plus importante, est du type Delphi-Régnier.

Le principe consiste à recueillir *l'opinion d'un groupe d'experts* concernant *un ensemble d'items* que nous fournissons dans cette troisième partie.

Le but de la méthode Delphi est d'*amener le groupe à un consensus* concernant un ensemble d'idée.

Le système de vote représente un recueil de données qualitatives et consiste à les *traiter dans une abaque colorée* dite « Abaque de Régnier »

L'idée de base est de recueillir l'avis d'un individu sur une affirmation selon une échelle de sept couleurs : *vert, vert clair, orange, rouge clair, rouge, blanc et noir.* Cette gamme colorée traduit toute la hiérarchie des opinions possibles, de très favorable (vert), à très défavorable (rouge), le noir signifiant le refus de prendre position et le blanc symbolisant l'incapacité d'annoncer la couleur.

La logique colorée de l'abaque de Regnier

Réponse favorable				Réponse défavorable	Non-réponse	
Vert	Vert clair	Orange	Rouge clair	Rouge	Blanc	Noir
Tout à fait d'accord	Plutôt d'accord	Avis partagé	Plutôt pas d'accord	Pas du tout d'accord	Ne peut pas répondre	Ne veut pas répondre

En dessous de chaque item, vous disposez d'un espace dans lequel vous pourrez mettre vos remarques. L'ensemble des votes colorés prend place dans une grille, les participants figurant en colonnes et les éléments du problème à examiner en lignes. La mise en tableau de ces choix permet une vision globale de la totalité de l'information et la gestion de ces données par la forme des images obtenues (apparition de discontinuités, de consensus, contrastes,...). Une fois que les réponses seront traitées, un retour d'information vous sera adressé. Les résultats pourront faire appel à un deuxième tour d'enquête (toujours selon le même principe) et ceci pour mieux les approfondir.

Lors de l'élaboration de ce questionnaire, nous avons tenu à garantir la confidentialité de vos réponses ; c'est pour cela que chaque expert aura un code sur les images du traitement. La synthèse qui sera divulguée aura un caractère général et aucune réponse personnelle ne sera publiée.

LES ACHATS ET LA PRATIQUE DE L'INTELLIGENCE CONCURRENTIELLE

Merci de répondre à ce questionnaire afin que les thèmes abordés lors de la Table Ronde de notre prochain forum soient proches de vos préoccupations.

Règle du jeu							
Je suis tout à fait d'accord	X						
Je suis d'accord		X					
Je suis mitigé			X				
Je ne suis pas d'accord				X			
Je ne suis pas du tout d'accord					X		

Je ne sais pas répondre						X	
Je ne veux pas répondre							X

1	Dans mon organisation, les Achats sont fréquemment utilisés comme source d'informations sur la Concurrence							
2	Dans mon organisation, les services de Veille fournissent régulièrement des informations aux Achats pour les aider dans leurs négociations avec les fournisseurs							
3	Mon organisation cherche à connaître la stratégie Achat de nos concurrents							
4	Mon organisation pratique la veille technologique appliquée à nos fournisseurs							
5	La récolte d'informations par le service Achats me semble en contradiction avec une politique de partenariat client/ fournisseur							
6	Des informations stratégiques sur mon organisation peuvent parvenir à nos concurrents par le biais de nos fournisseurs							
7	Dans mon organisation, des règles ont été définies en ce qui concerne l'échange d'informations entre les acheteurs et les fournisseurs							
8	Mon organisation utilise la technique du « Benchmarking »							
9	Dans mon organisation, les Achats sont considérés comme une source d'avantage concurrentiel							
10	Dans mon organisation, l'intelligence Concurrentielle est considérée comme une source d'avantage concurrentiel							
11	Dans mon organisation, les informations sur la concurrence sont systématiquement collectées							

12	Dans mon organisation, les objectifs de recherche de l'information concurrentielle sont définis en collaboration entre plusieurs services (Achats, Veille, Marketing, Stratégie, etc.)							

Vos coordonnées

Nom ______________________ Téléphone ______________________

Société ____

Quel est votre rôle dans l'organisation ? (cocher une seule case)

☐ Achats ☐ Stratégie ☐ Commercial ☐ Autre

☐ Veille, Intelligence ☐ Marketing ☐ Direction générale

Quels sont vos autres sujets de préoccupations ou d'intérêt ?

____

____

____

____

____

____

Annexe 4

Dépôts de brevet, de modèle ou de marque

Le **brevet** protège une invention qui se définit comme la solution technique apportée à un problème technique pendant 20 ans. C'est également un outil de conquête de marché et une arme économique face aux concurrents. La demande comporte une description des moyens techniques mis en œuvre pour parvenir à la solution du problème. Ces moyens doivent être caractérisés de manière précise. Elle comporte également des revendications qui définissent l'étendue de la protection demandée et des plans et dessins. Une invention ne pourra pas être déposée si elle est déjà divulguée, même par l'inventeur lui-même. Elle doit être nouvelle et pouvoir être utilisée par toutes les industries et sa recevabilité est examinée par l'Inpi. (Institut national de la propriété industrielle) *www.inpi.fr.*

Sont exclues les découvertes scientifiques, les programmes informatiques[1], les plans et toute invention contraire à l'ordre public et aux bonnes mœurs. La protection est d'une durée de 20 ans sous réserve du paiement régulier des redevances annuelles.

Cinq moins après le dépôt, l'inventeur peut commencer à divulguer et à commercialiser son idée. Il reçoit le résultat de la recherche d'antériorité 18 mois après le dépôt. Le brevet est publié au Bulletin Officiel de la propriété industrielle.

1. Une discussion est en cours à Bruxelles.

Si vous désirez déposer un brevet, l'Inpi édite une brochure *Le brevet : protéger son invention*, qui vous indiquera l'ensemble des démarches à suivre.

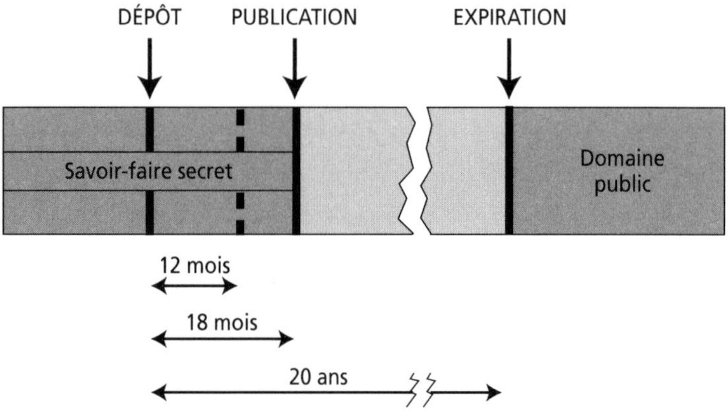

La vie d'un brevet

Déposer un brevet est un choix stratégique important mais qui ne protège le déposant que dans la mesure où il exploite ce brevet. Avant de déposer un brevet, il est possible et même préférable de déposer une **enveloppe Soleau** pour prendre date. C'est un moyen de preuve simple (date certaine), et peu coûteux (15 euros), mais en aucun cas un titre de propriété industrielle. Elle constitue seulement la preuve de la création (enregistrement à l'Inpi).

Le **brevet européen** permet également d'obtenir une protection valable en France. Il peut être déposé à l'Inpi. (Exemple de tarif pour 6 pays et 20 ans, 10 pôles de description : 90 000 euros.)

Le coût moyen d'un brevet européen est estimé à 30 000 € (10 pays pendant 10 ans), 15 000 € pour un brevet américain, et 150 000 € pour un brevet déposé dans les principaux pays de la planète et maintenu au moins 10 ans.

On peut également consulter l'organisation mondiale de la propriété intellectuelle.

Les différentes étapes du dépôt et de la protection d'un brevet

	Recherche d'antériorités	Rédaction du brevet	Dépôt du brevet	Autorisation de divulgation	Rapport de recherche officiel	Délivrance du brevet	Maintien en vigueur
Dates ou délais de résalisation	Deux mois avant le dépôt.	Au moins un mois avant le dépôt.	Jour J.	Un mois après le dépôt.	Huit mois après le dépôt.	Deux ans et demi après le dépôt.	De la 2e à la 20e année.
Dépenses	Documentation gratuite à l'INPI. Recherche Arist : 800 €. Services d'un conseil en propriété industrielle : de 1 500 à 2 000 €. Consultation : www.plutarque.com, …	Honoraires d'un conseil en propriété industrielle : de 3 500 à 5 000 € pour les prestations liées à la rédaction du brevet.	35 € pour le dépôt).	L'autorisation de divulgation est gratuite. Le brevet sera publié dans le « Bulletin officiel de la propriété industrielle », dix-huit mois après le dépôt.	La redevance (500 €) pour recevoir le rapport de recherche officiel sera perçue lors du dépôt (sauf en cas de paiement échelonné).	Le brevet est délivré sous la forme d'un fascicule. Ce document, émis par l'INPI, coûte 90 €.	L'innovateur doit acquitter des annuités pendant vingt ans.

Exemples de tarif en euro

Dépôt	35	
Rapport de recherche	500	
Délivrance	90	
Annuité	35	(de la 2e à la 5e année)
	150	(de la 6e à la 10e année)
	300	(de la 11e à la 15e année)
	600	(de la 16e à la 20e année)
Transmission de copie de demande de brevet européen	25	+ 0,75 par page et par exemplaire
Transmission d'une demande internationale	60	+ 0,75 par page et par exemplaire

Déposer **un modèle**, c'est déposer son dessin et sa forme plastique. Cela concerne les dessins ou modèles spécifiques nouveaux. Le dépôt confère un droit exclusif d'exploiter le dessin ou modèle pour une durée prorogeable de 5, 25 ou 50 ans maximum. Un seul dépôt peut concerner jusqu'à 100 dessins et peut être gardé secret. Cela peut coûter par exemple 250 € pour un dépôt de 20 modèles jusqu'à 5 ans sous la forme secrète.

La marque est le signe distinctif d'un produit ou d'un service. Ce peut être une marque de fabrique, de commerce ou de service, un nom, un logo, un emballage, une forme, un slogan, une mélodie... Une marque commerciale, ce sont tous les éléments qui permettent au premier coup d'œil d'identifier un produit ou un service. Cela va de la forme de la bouteille de Coca-Cola au numéro « 5 » de Chanel. La marque peut prendre les formes les plus variées : nom patronyme ou nom de fantaisie, chiffres, lettres, dessins, combinaison de couleur. Elle doit obligatoirement être associée à des produits ou services à désigner explicitement dans le dépôt.

L'Inpi refuse *a priori* les noms purement descriptifs. Par exemple, pour une marque de meubles, le mot « meuble » ; mais « Monsieur Meuble », nom composé, est admis. La marque ne doit pas non plus être « trompeuse ». Elle est protégée pour une durée de 10 ans, indéfiniment renouvelable. Pour être protégées, les marques verbales, figuratives ou complexes doivent respecter certaines conditions : elles doivent être distinctives, licites et disponibles.

Mais il est également possible de protéger l'identité visuelle d'une marque (logo, lettrage, couleurs, etc.) ou son identité sonore (par exemple la mélodie de Bouygues Télécom). Dans ce cas, n'oubliez pas de joindre une portée musicale ! Pour une sécurité maximale, vous pouvez protéger séparément chacun des éléments qui composent votre marque, moyennant plusieurs dépôts à l'Inpi. Une solution moins onéreuse (mais moins protectrice) consiste à ne faire qu'un seul dépôt, comprenant d'un seul coup tous les éléments à protéger. Mais en cas de contrefaçon vous devrez prouver que chaque élément est « déterminant » dans l'identification de votre marque. C'est la partie délicate. Un seul dépôt vous permet de protéger votre marque dans trois classes de produits et services.

La marque communautaire permet également d'obtenir une protection valable en France. Elle peut être déposée auprès de l'Inpi.

La procédure est simple, mais elle réclame beaucoup d'attention. Vous devez tout d'abord retirer auprès de l'Inpi (ou de l'une de ses délégations régionales) un formulaire à renvoyer en cinq exemplaires, avec un exemple de la marque à protéger et un descriptif précis du produit ou du service proposé.

La recherche d'antériorité. Vous devez ensuite vous assurer que le nom n'est pas déjà pris. Deux marques identiques peuvent coexister, si elles concernent des produits différents. (Mazda est une marque d'ampoules mais aussi de voitures). Icimarques (*www.icimarques.com*) vous permet d'effectuer une première recherche « à l'identi-que », c'est-à-dire sur le même nom. Si un nom trop proche est déjà déposé, cela risque de parasiter votre propre marque, voire de vous créer des ennuis avec le possesseur d'une marque connue. Par précaution, demander à l'Inpi d'effectuer une recherche « par similitude », sur des noms proches du vôtre. Cela vous coûtera de 60 € pour un nom dans une catégorie de produits (par exemple Coca-Cola pour les boissons gazeuses) à 850 € pour une recherche complète (toutes catégories).

Votre marque ne sera protégée que dans les catégories de produits et services où vous l'aurez inscrite. Il existe 34 classes de produits et 8 de services. Par exemple, la classe 25 regroupe les vêtements, la classe 41 les services d'éducation et de divertissement. Enregistrez toujours votre produit dans plusieurs classes voisines : l'étendue de votre protection future en dépend. Un dépôt coûte 225 € pour trois classes et 40 € par classe supplémentaire.

Pour **être protégé dans les quinze pays de l'Union européenne,** déposer votre marque (et dans un avenir proche, dessins et modèles) auprès de l'Office de l'harmonisation du marché intérieur (OHMI), à Alicante, sans passer par l'Inpi. Il vous en coûtera environ 2000 euros (*http://oami.europa-eu/fr/*).

On peut déposer également **un nom de domaine**, qui est la partie de l'adresse d'un site sur l'Internet. Le choix de l'extension détermine l'organisme compétent auquel s'adresser pour réserver un nom de domaine. Pour l'extension.com,.org,.net, il faut s'adresser à l'internic, géré par l'administration américaine. À l'origine, .com était censée indiquer une activité commerciale du site, .org une organisation (hôpital, association), .net un site lié au fonctionnement de l'internet. La classification étant trop contraignante, l'Internic permet désormais de réserver n'importe quel nom sous n'importe quelle bannière.

www.internic.net

Pour déposer un nom de domaine dans l'extension.fr, il faut s'adresser à l'Afnic (Association française pour le nommage de l'Internet), par l'intermédiaire d'un prestataire technique conventionné par elle. L'Afnic a l'exclusivité sur les enregistrements des dépôts de noms de domaines en .fr et exige du déposant un respect strict des règles qu'elle a mises en place.

www.afnic.org ou *.fr* (exemple de tarif : dépôt pour .com .net .org : 69 € et 35 € pour un .fr avec SIREN (55 € sans SIREN)).

Les autres organismes de dépôts sont la Société de la protection artistique des dessins et modèles pour les créations artistiques ; la Sacem pour tout ce qui est musiques, poèmes, sketches ; la Société des gens de lettres de France pour la littérature, la Société des auteurs et compositeurs dramatiques pour le théâtre, les opéras, les ballets et les revues.

- Le Cabinet Chaillot renseigne sur les procédures de dépôt de brevet, de marque, de dessein ou de modèle ainsi que leur coût. Il met en ligne la base de données Jurinéa Marque, qui classe la jurisprudence française et l'actualité juridique.
  www.chaillot.com
- Protecrea propose des services de protection des actifs immatériels en ligne.
  www.protecrea.org

Autres adresses :

www.oseo.fr
www.arist.ccip.fr
www.entrepreneurs-fr.com
les CRITT (Centre Régionaux d'Innovation et de Transfert de Technologie) ;
les Chambres de Commerce et d'Industrie ;
les Chambres d'Artisanat ;
l'INSEE[1],
la Banque de France ;
les EURO Info Centres et le Centre « Sources d'Europe » ;
Ubi France ;
les chambres syndicales ;
les sources douanières ;
les notices et plaquettes des entreprises éditées pour les clients et les actionnaires ;
les fiches sectorielles de structure établies par l'INSEE d'après l'enquête annuelle d'entreprises (EAE) sont disponibles, en accès payant, par les Échos.
E-mail : *contact@lesechos.fr*

---

1. L'INSEE publie entre autres, sur support papier et CD-Rom « La France et les régions », des bases communales multithème (Fidelplus), le fichier SIRÈNE des entreprises françaises, des données intercommunales IRIS-5000 ou des bases thématiques ABCD (bases communales de données), sans oublier l'Annuaire statistique de la France et les Tableaux de l'économie française. *www.insee.fr*

Marketsearch Directory permet l'accès payant à 2 000 études émanant de 700 sociétés d'études, tous secteurs. Le coût est de 100 dollars pour la première étude et de 50 pour les suivantes.
www.marketsearch-dir.com

- ARIST

Agences régionales d'information scientifique et technique
www.arist.fr

- ARNT

Association nationale de la recherche technique
www.arnt.asso.fr

- CNCPI

Compagnie nationale de conseil en propriété industrielle
www.cncpi.fr

- CTI

Centres techniques industriels
www.reseau-cti.com

- ORT

Groupe spécialisé dans le fond documentaire (Coface).
www.ort.fr

- Plutarque

Portail de recherche d'information en propriété industrielle qui propose gratuitement des recherches sur un brevet récent (moins de deux ans), une marque ou un dessin et modèle, ainsi que des services plus élaborés moyennant abonnement.
www.plutarque.com

Annexe 5
Adresses utiles

INFORMATIONS GÉNÉRALES

ADIT
Agence pour le développement de l'Information Technologique
Tél. 01 44 18 31 39
www.adit.fr

AFNOR
Association Française de Normalisation
11 avenue F. de Pressensé
95571 St-Denis-la-Plaine Cedex
Tél. 01 41 62 80 00
Fax 01 49 17 90 00
wwww.afnor.forg

ACFCI
Assemblée des Chambres Françaises de Commerce et d'Industrie
45, avenue d'Iéna
75116 Paris cedex 16
Tél. 01 40 69 37 00
Fax 01 47 20 61 28
www.acfci.cci.fr

ADETEM
Association Nationale du Marketing
Pôle Universitaire Léonard de Vinci
92916 Paris la Défense
Tél. 01 41 16 76 50
Fax 01 41 16 76 58
www.adetem.org

ANRT
Association Nationale de la Recherche Technique
41 Bd des Capucines
75002 Paris
Tél. 01 55 35 25 50
Fax 01 55 35 25 55
www.anrt.asso.fr

APCM
Assemblée Permanente des Chambres de Métiers
12, avenue Marceau
75008 Paris
Tél. 01 44 43 10 00
Fax 01 47 20 34 48
www.apcm.com

ARIST
Agences Régionales d'Information Scientifique et Technologique
2, rue de Viarmes
75001 Paris
Tél. 01 45 08 35 39
www.arist.ccip.tm.fr

BANQUE DE FRANCE
Centrale des bilans
31/48 rue Croix des Petits Champs
75049 Paris Cedex 1
Tél. 01 42 92 42 92

fax 01 42 92 39 40
www.banque-france.fr

Chambre de commerce et
d'industrie de Paris
27, avenue de Friedland
75382 Paris cedex 08
Tél. 0820 01 21 21
Fax 01 55 65 78 68
Accueil :
2, rue de Viarnes
75001 Paris
www.ccip.fr

Chambre de commerce internationale
38 Cours Albert 1er
75008 Paris
Tél. 01 49 53 28 28
Fax 01 49 53 29 42
www.iccwbo.org

COFACE Informations sur les risques
commerciaux
12, Cours Michelet
92065 Paris la Défense Cedex
Tél. 01 49 02 20 00
Fax 01 49 02 27 41
www.coface.fr

Commissariat général du plan
Rapports des commissions de
préparation du Plan et plans
d'actions régionales
18, rue de Martignac
75007 Paris
Tél. 01 45 56 51 00
Fax 01 45 56 54 49
www.plan.gouv.fr

CREDOC
Centre de Recherche pour l'Étude et
l'Observation des Conditions de Vie
142, rue de Chevaleret
75013 Paris
Tél. 01 40 77 85 00
Vente des publications 01 40 77 85 01
www.credoc.asso.fr

CRITT
Centre Régional de l'Innovation
et du Transfert de Technologie
Se renseigner dans chaque région et
selon le secteur d'activité
ex. : en Île-de-France
www.critt-ile-de-france.org

CTI
Centres Techniques Industriels
41, Bd des Capucines
75002 Paris
Tél. 01 42 97 10 88
Fax 01 42 97 58 54
www.reseau-cti.com

DAFSA
117 quai de Valmy
75010 Paris
Tél. 01 55 45 26 00
Fax 01 55 45 26 35
www.dafsa.fr

DCASPL
Direction du Commeerce, de l'Artisanat, des Services
3/5 rue Barbet de Jouy
75007 Paris
Tél. 01 43 19 24 24
Fax 01 43 31 42 97
www.pme.gouv.fr

DIACT
Délégration interministérielle à
l'aménagement et à la compétitivité
des territoires (anciennement
DATAR)
1, avenue Charles-Floquet
75343 Paris Cedex 07
Tél. 01 40 65 12 34
Fax 01 43 06 99 01
www.diact.gouv.fr

Documentation française
29, Quai Voltaire
75007 Paris

Tél. 01 40 15 70 00
Fax 01 40 15 68 01
www.ladocfrançaise.fr

Douanes
Centre de Renseignements Statistiques des Douanes
8, rue de la Tour des Dames
75009 Paris
Tél. 01 55 04 65 20 08 25 30 82 63
Fax 01 55 04 65 30
www.douane.gouv.fr

EUROPA
Serveur de l'Union Européenne
www.europa.eu.index-fr.htm

EUROSTAT – EUROPA
Statistiques de l'Union Européenne
htp://epp.eurostat.ec.europa-eu/

FÉDÉRATION des FOIRES et SALONS de FRANCE
Tél. 01 48 25 66 55

FÉDÉRATION FRANÇAISE des SALONS SPÉCIALISÉS
www.foiresalon.com

FFF
Fédération Française de la Franchise
9, rue Alfred-de-Vigny
75008 Paris
Tél. 01 53 75 22 25
Fax 01 53 75 22 20
www.franchise-fff.com

INC
Institut Français de la Consommation
80 Rue Lecourbe
75015 Paris
Tél. 01 45 66 20 20
Fax 01 45 66 21 20
www.conso.net

INED
Institut National d'Études Démographiques
133 Bd Davout
75020 Paris
Tél. 01 56 06 20 00
Fax 01 56 06 21 99
www.ined.fr

INFOGREFFE
Information légale sur les entreprises
4, place Félix-Évoué
75012 Paris
Tél. 08 91 01 11 11
www.infogreffe.com

GREFTEL
Commandes de documents officiels
www.greftel.fr

INSEE
Institut National de la Statistique et des Études Économiques
Tour Gamma A,
195, rue de Bercy
75582 Paris cedex 12
Tél. 01 41 17 66 11
Tél. Bibliothèque : 01 53 17 88 09
Fax 01 41 17 66 66
www.insee.fr

Institut Français du Libre Service – Statistiques commerciales
46, rue de Clichy
75009 Paris
Tél. 01 48 74 32 80
Fax 01 40 16 90 20
www.cles-promo.com

Les Journaux Officiels
Journal Officiel – Textes législatifs et documents officiels
26, rue Desaix
75015 Paris
Tél. 01 40 58 75 00
renseignement : 01 40 58 79 79
www.journal-officiel.gouv.fr

MEDEF
Mouvement des Entreprises de France
55, Avenue Bosquet
75007 Paris
Tél. 01 53 59 19 19
Fax 01 45 51 20 44
www.medef.fr

MINEFI
Ministère de l'Économie, des Finances et de l'Industrie
139, rue de Bercy
75012 Paris
www.minefi.gouv.fr
Informations du Ministère de l'économie pour la création d'entreprises
www.finances.gouv.fr

NATIXIS
45, rue Saint Dominique
75700 Paris
Tél. 01 58 32 30 00
Fax 01 47 53 70 91
www.natixis.com

OCDE
Organisation de Coopération et de Développement Économique
2 Rue André Pascal
75775 Paris Cedex 16
Tél. 01 45 24 82 00
Fax 01 45 24 85 00
www.oecd.org

OSÉO
27-31, avenue du Général-Leclerc
94170 Maisons-Alfort Cedex
www.oséo.fr (Anvar, BDPME, Sofaris)

COE-REXECODE
Centre d'Observation Économique et de Recherches pour l'Expansion de l'Économie et le Développement des Entreprises
29, Avenue Hoche
75008 Paris
Tél. 01 53 89 20 89
Fax 01 45 63 86 79
www.rexecode.fr

SOURCES D'EUROPE
www.touteleurope.fr

SYNTEC-MANAGEMENT
Syndicat des Sociétés d'Études et de Conseil
3, rue Léon Bonnat
75016 Paris
Tél. 01 44 30 49 00
Fax 01 42 88 26 84
www.syntec-management.com

UBI FRANCE
77, boulevard Saint-Jacques
75004 Paris
www.ubifrance.fr

INFORMATIONS SUR LA CRÉATION D'ENTREPRISE

ACE (Association Française des Avocats-Conseils d'Entreprises)
114-116, av. de Wagram
75017 Paris
Tél. 01 47 66 30 07
Fax 01 47 63 35 78
www.avocats-conseils.org

APCE
Agence pour la création d'entreprise
14, rue Delambre
75014 Paris
Tél. 01 42 18 58 58
Fax 01 42 18 58 50
www.apce.com

Les BOUTIQUES DE GESTION
www.boutiques-de-gestion.com

CIDJ
Centre d'Information
et de Documentation Jeunesse
Quai Branly
75015 Paris
Tél. 01 44 49 12 00
www.cidj.com

CNJE
Confédération Nationale des Juniors Entreprises
Tél. 01 40 28 48 68
Fax 01 42 21 48 80
www.junior-entreprises.com
6, rue des Immeubles Industriels
75011 Paris
Tél. 01 43 70 26 56
Fax 01 43 70 23 13

COMPAGNIE NATIONALE
des CONSEILS en PROPRIÉTÉ
INDUSTRIELLE
92, rue d'amsterdam
75009 Paris
Tél. 01 53 21 90 89
Fax 01 53 21 95 90
www.cncpi.fr

CONSEIL SUPÉRIEUR
DE L'ORDRE DES EXPERTS-COMPTABLES
153, rue de Courcelles
75817 Paris cedex 17
Tél. 01 44 15 60 00
Fax 01 44 15 90 05
www.experts-comptables.fr

CREASCOPE
Site d'information et de services aux créateurs
www.creascope.net

DéfisJeunes
Informations et aides pour les jeunes créateurs
www.defijeunes.fr

INPI
Institut National de la Propriété Industrielle
26 Bis Rue de St Pétersbourg
75008 Paris
Tél. 01 53 04 53 04
Fax 01 53 04 45 23
www.inpi.fr

Réseau d'entrepreneurs
Réseau Entreprendre
www.entreprendre.org

EXPERTS EN SYSTÈME D'INFORMATION

AGL-DUN & BRADSTREET
Première base de données sur les entreprises
http://groupecdn-inforisk.fr
www.dnb.com

ARGUS des FICHIERS PRESSE
Tél. 01 44 29 19 29
Fax 01 44 29 19 20
www.argus-fichiers-presse.fr

ARGUS DE LA PRESSE
Revues de presse
130 Rue du Mont Cenis
75018 Paris
Tél. 01 49 25 70 00
Fax 01 49 25 70 01
www.argus-presse.fr

EURIDILE
Informations légales

et financières sur Sociétés inscrites au RC
www.euridile.inpi.fr

BIL
Base d'Informations Légales et financières sur toutes les entreprises françaises
www.bil.fr

BIPE
Société d'Études Économiques et de Conseil en Stratégie
Le Vivaldi – 11/13, rue René-Jacques
92138 Issy-les-Moulineaux
Tél. 01 70 37 23 23
Fax 01 70 37 23 00
www.bipe.com

FLA CONSULTANTS
27 Rue de la Vistule
75013 Paris
Tél. 01 45 82 75 75
Fax : 01 45 82 46 04
www.fla-consultants.com

INNOVATION 128
Conseil en information technologique
et intelligence stratégique
280, boulevard Saint-Germain
75007 Paris
Tél. 01 45 55 00 20
Fax 01 45 55 00 60
www.innovation128.net

JURIFRANCE
Site officiel du droit français et européen
www.jurifrance.com

KOMPASS
Annuaire et Informations d'entreprises
www.kompass.com.fr

SOCIETE.COM
Information sur les sociétés
www.societe.com

TELEXPORT
Informations sur le commerce international
www.ccip.fr

XERFI
13/15, rue de Calais
75009 Paris
Tél. 01 42 81 42 14
www.xerfi.fr

AIDE DES SENIORS

ECTI
Experts seniorss bénévoles
101-109, rue Jean-Jaurès
92300 Levallois
Tél. 01 41 40 36 00
www.ecti.vsf.org

EGEE
Entente des générations pour l'emploi et l'entreprise
15, av. de Ségur
75007 Paris
Tél. 01 47 05 57 71
www.egge.asso.fr

OTECI
Office technique d'études
et de coopération internationales
10, rue du Havre
75009 PARIS
Tél. 01 56 02 63 02
oteci@oteci.asso.fr

INCUBATEURS

RETIS
CEEI Incubateurs
Technopoles : Le Réseau
Tél. 02 40 25 27 03

www.retis-innovation.fr
et liste des incubateurs :
www.recherche.gouv.fr

FINANCEMENT

ADIE
Crédit solidaire au service de l'insertion
www.adie.org

AFIC
Association française des investisseurs en capital
23, rue de l'Arcade
75008 Paris
Tél. 01 47 20 99 09
www.afic.asso.fr

CIGALES
INVESTISSEMENT SOLIDAIRE
www.cigales.asso.fr

FRANCE ANGELS
Assoc. fr. pour la promotion de l'investissement par les *Business Angels*
16, rue de Turbigo
75002 Paris
Tél. 01 44 82 77 77
www.franceangels.org

FRANCE INITIATIVE RÉSEAU
Plate-forme d'initiatives locales
14, rue Delambre
75014 Paris
Tél. 01 40 64 10 20
Fax 01 43 20 58 34
www.fir.asso.fr

LOVE MONEY
Épargne solidaire
www.love-money.org

Presse spécialisée :

Défis
L'Entreprise
www.lentreprise.com
Challenges
www.challenges.fr
L'Usine Nouvelle
www.usinenouvelle.com
Les Échos
www.lesechos.fr
Etc.

Bibliographie

Les essentiels

APCE, *Créer ou reprendre une entreprise. 2007.*

BERNASCONI M., *Les Start-up high-tech*, Dunod, 2000,

BIRLEY S., MUZYKA D., *L'Art d'entreprendre*, Paris, Village Mondial, 1998.

BONNAMY Ph., *L'aventure de la création d'entreprise*, Éd. Demos, 2003.

BOUTILLIER S., UZUNIDIS D., *L'Aventure des Entrepreneurs*, Jeunes Éditions, 2006.

FILION L.J., *Savoir entreprendre, douze modèles de réussite*, Les Presses de l'Université de Montréal, 2002.

JULIEN P.A., MARCHESNAY M., *L'entrepreneuriat*, Paris, Economica, Gestion Poche, 1996.

LÉGER-JARNIOU C., KALOUSIS G., *Construire son Business Plan*, Paris, Dunod, coll. Entrepreneurs, 2006,

PAPIN R., *Stratégie pour la création d'entreprise*, Paris, Dunod, 12e édition, 2007.

PAYS B., *Guide pratique de l'entrepreneur*, Paris, Éd. d'Organisation, 2002.

TORRÈS O., *Les PME*, Paris, Flammarion, 1999.

Les basiques

BAK J., *La société mosaïque*, Dunod, 2007.

BON J., GREGORY P., *Techniques marketing*, Vuibert, 1995.

CAUMONT D., *Les études de marché*, Dunod, collection Les Topos, 2002.

FOURNIS Y., *Les études de marché*, Dunod, 1995, 3e édition.

GAUTHY-SINECHAL M., Vandercammen M., *Études de marchés, Méthodes et outils*, DeBoeck, 1998.

GIANNELLONI J.-L., VERNETTE E., *Études de marché*, Vuibert, 1998.

HUBERMAN A.M., MILES M.B., *Analyse des données qualitatives*, DeBoeck, 1991.

KOTLER Ph., *Les clés du marketing*, Village mondial, 2005.

KOTLER Ph., DUBOIS B., *Marketing management*, Pearson Education, 12e édition, 2006.

LADWEIN R., *Les études marketing*, Economica Gestion poche, 1996.

LAPERT D., *Le marketing des services*, Dunod, 2005.

LENDREVIE J., Lévy J., Lindon D., *Mercator*, Dunod, 2006.

LHERMIE C., *Études de marché*, Dalloz-Sirey, 1997.

MILLER P., *L'étude des marchés qui n'existent pas encore…*, Éd. d'Organisation, 2002.

MOSCAROLA J., *Enquêtes et analyse de données*, Vuibert, 1990.

OCHS P., *Le marketing de l'offre*, Economica, 1999.

PELLEMANS P., Recherche qualitative en marketing – Perspective psychologique, De Boeck, 1999.

SERRIÈRE F., Conquérir le marché des baby-boomers, Village mondial, 2e édition, 2006.

Revues

Défis

L'Entreprise

L'Entreprise en Solo

L'Expansion économique

Les Échos

La Tribune

Le Moci

Lexique

Acheteur : celui qui procède à la transaction d'achat.

Analyse de contenu : ensemble de techniques permettant de décrypter le contenu des entretiens individuels ou collectifs.

Barrières à l'entrée : élément qui limite ou bloque l'accès de nouveaux entrants sur le marché (communication, investissement matériel, force de vente, etc.).

Base de sondage : liste complète qui regroupe l'ensemble des individus composant la population de base à partir de laquelle on tire au sort l'échantillon à interroger.

Benchmarking : étalonnage des pratiques par rapport à celles d'un concurrent reconnu pour sa performance dans un domaine donné (organisation de la production, maîtrise du délai de livraison, degré d'innovation, etc.).

Besoin : état de tension que les individus cherchent à faire disparaître par le biais d'un bien ou d'une action.

Business plan : plan d'affaires ou plan de développement complet qui sert de carnet de bord au créateur et de document de travail lorsqu'il discute avec ses différents interlocuteurs (banquier, associés, etc.).

Business to business (B to B) : marché de professionnels.

Business to consumer (B to C) : marché de consommateurs.

Business to government (B to G) : marché institutionnel (ou de gouvernement).

Cible : ensemble des personnes que l'on cherche à toucher. Elle comprend :

le *cœur de cible : clients à viser en priorité ;*

la *cible immédiate : clients qui sont proches de passer à l'acte d'achat ;*

la *cible élargie : clients qu'il faudra convaincre à plus long terme.*

Couponing : encart publicitaire avec coupon-réponse inclus se terminant par un numéro vert invitant le lecteur à donner ses coordonnées pour recevoir une documentation complète.

Concurrence directe : entreprises offrant des produits ou des services similaires ou directement substituables.

Concurrence indirecte : entreprises offrant des produits ou des services un peu plus lointains mais éventuellement substituables.

Couple produit-marché (CPM) : combinaison entre un ou plusieurs produits/services et un ou plusieurs segments de marché. Chaque combinaison constitue une offre en direction d'une cible de clientèle.

CRM : *customer relationship management.* Méthode de reconnaissance et de fidélisation des clients, *via* la construction d'une base de données.

Datamining : analyse de base de données.

Décideur : celui qui définit les caractéristiques de la dimension d'achat.

Demande : ensemble des clients réels d'une entreprise ou d'un marché.

Demande potentielle : ensemble des prospects qui pourraient devenir clients dans un avenir donné.

Échantillon : sous-ensemble représentatif d'une population de référence.

Entretiens : interrogation individuelle ou collective d'une partie de la population pour récolter son avis, lors de la phase de compréhension.

Facteurs-clés de succès (FCS) : caractéristiques imposées par l'environnement et les attentes des clients à un moment donné qu'une entreprise doit maîtriser si elle veut exister dans un secteur d'activité donné et d'une manière pérenne (ex. : prix, délai, service après-vente, notoriété, etc.).

Étude de marché : étude globale permettant au créateur de comprendre le fonctionnement du marché visé et les attentes de ses futurs clients pour définir et chiffrer une offre nouvelle et augmenter ses chances de succès.

Étude documentaire : étude exploratoire visant à rassembler des informations pour répondre aux questions *qui, quoi, quand, où, comment, pourquoi.*

Guide d'entretien : document servant de canevas lors des entretiens individuels et collectifs.

Image : perception que les individus entretiennent à propos d'une entreprise, d'un produit, d'un service ou d'une marque. L'image varie de positive à négative.

Incubateur : lieu d'hébergement des créateurs de projets innovants et technologiques, où ils trouvent conseils, coaches, formations, bureaux, aides financières pour développer leurs projets.

Information brute : donnée de base récoltée non vérifiée et non traitée, peu utilisable en l'état.

Information utile : donnée vérifiée, traitée, donc utilisable et pertinente pour la compréhension de l'objet d'étude et la prise de décision. Elle permet de réduire les risques dans la phase de décision.

Initiateur : celui qui suggère l'idée d'acheter un produit ou un service.

Marché : ensemble de l'offre et de la demande pour un produit ou un service donné ou ensemble des débouchés offerts à un produit ou service.

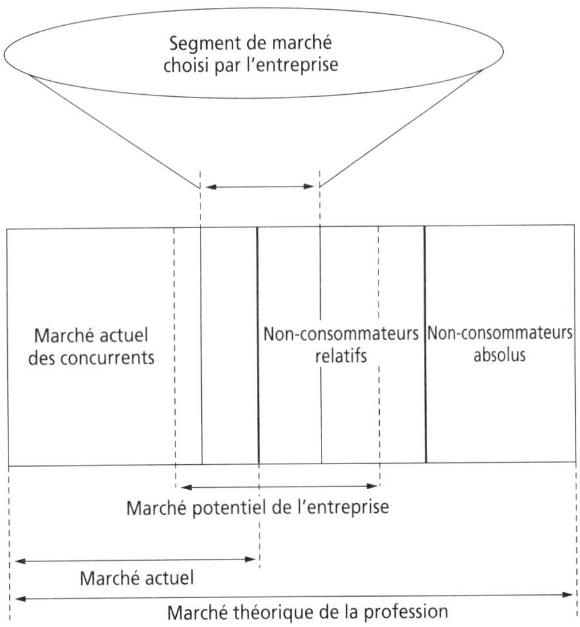

Marché actuel : ensemble des personnes du marché potentiel qui effectivement achètent et/ou utilisent le produit ou service issu de la concurrence.

Marché potentiel : marché que l'entreprise peut espérer conquérir. Ensemble des personnes du marché théorique qui ont les moyens de se procurer le produit ou service dans une zone géographique donnée.

Marché-test (ou marché témoin) : essai réel de lancement d'un nouveau produit ou service sur un marché géographiquement délimité pour estimer les chances de lancement au plan national

Marché théorique : réunit l'ensemble des consommateurs, utilisateurs, usagers d'un bien ou d'un service qui pourraient théoriquement se procurer le produit.

Marché utile : ensemble des acheteurs potentiels pour le produit ou service de la cible visée.

Marketing direct : Ensemble de techniques qui permettent d'obtenir une relation directe entre l'entreprise et ses clients potentiels. Elles se traduisent par de la prospection, de la vente et du démarchage par voie postale (publipostage ou *mailing) ou par téléphone (phoning) et se réalisent à partir de fichiers.*

Marketing-mix : ensemble des moyens dont dispose l'entreprise pour influencer et satisfaire les clients visés : produit/service/prix/distribution/communication.

Méthode de la chaîne de ratios : technique de multiplication des données pour calculer le chiffre d'affaires prévisionnel.

Panel : échantillon représentatif permanent d'un groupe d'individus, considérés témoins. Leurs réponses permettent de juger de l'état et de l'évolution des pratiques d'achat.

Part de marché : pourcentage des ventes d'une marque, d'une entreprise par rapport aux ventes totales du marché.

Part de marché relative : part de marché de l'entreprise mesurée par rapport à celle du concurrent principal.

Positionnement : mode de présentation de l'offre d'une entreprise qui la différencie des concurrents.

Prescripteur : celui, par sa fonction, apporte un avis compétent et un conseil.

Projet pull : projet de création d'un produit ou service similaire à ceux de la concurrence et pour lequel le créateur doit envisager les moyens de se différencier pour s'octroyer une place parmi cette concurrence.

Projet push : projet innovant pour lequel il n'existe pas de concurrence directe et peu ou pas de concurrence indirecte. L'effet de surprise et de nouveauté doit convaincre les clients et non les rebuter.

Prospect : consommateur ou entreprise n'ayant pas encore acheté ou ayant acheté à la concurrence.

Questionnaire : liste de questions permettant d'interroger un certain nombre de personnes d'une manière individuelle mais standardisée lors de la phase d'étude quantitative.

Quotas : proportion d'individus qui partagent certaines caractéristiques. L'échantillonnage par quotas devra respecter ces caractéristiques afin que l'échantillon soit une reproduction de la population de référence.

Segmentation : division de la population en groupes homogènes et significatifs, segments partageant les mêmes attentes, besoins, habitudes ou comportements.

Sondage : étude d'une partie de la population, représentative de la population de base. Le sondage se différencie du recensement qui est une étude exhaustive de la population.

Utilisateur : celui qui consomme ou utilise le produit ou service acheté.

Index

D

E

F

G

H / I

J / L

M

N / O

P

Q

R

S

T

U

V

050740-(I)-(2,2)-OSB 100°-DES-API

STEDI MEDIA, 1, boulevard Ney, 75018 Paris
Dépôt légal, Imprimeur, n° 10080
Dépôt légal : septembre 2007
Imprimé en France
Dépôt légal de la 1re édition : 2e trimestre 2000